AMÉNAGEMENT
D'EAUX À TRUITES

Auteur:
PIERRE L. LANDRY
2513, RUE DES PLAINES,
SAINTE-FOY, QUÉBEC, G1V 1B2.

Page couverture:
LOUISE BRETON.

LES ÉDITIONS LA LIBERTÉ
3020, Chemin Sainte-Foy,
Sainte-Foy, Québec, G1X 3V6

COMPOSITION ET MONTAGE:
Helvetigraf Enr.,
1293, de la Sapinière, St-Rédempteur
C.P. 190 G0S3B0

ISBN 2-89084-008-5

PIERRE L. LANDRY

AMÉNAGEMENT D'EAUX À TRUITES

Agri-info

LA librairie postale en agriculture et en horticulture
THE Mail-Order bookstore for agriculture and horticulture
55, rang 4 ouest, Warwick, Québec, J0A 1M0
Tel. & Fax : (819) 358-6038 — Internet : agri-info@ivic.qc.ca

Les Éditions La Liberté
3020 chemin Sainte-Foy
Québec
G1X 3V6

L'AUTEUR

Le scientifique en pêcheries, Pierre L. Landry, mérite des félicitations pour sa tentative de vulgarisation des raisons et des méthodes d'aménagement des eaux à truites en vue de les améliorer dans l'intérêt des pêcheurs sportifs.

Ce traité de vulgarisation, présenté dans un langage à la portée de tous, contribuera surtout à faire réaliser aux naturalistes et aux pêcheurs jusqu'à quel point la faune aquatique, dont ils profitent, est vulnérable et complexe. Ils comprendront mieux pourquoi il ne faut pas en abuser et pourquoi il faut faire appel à des spécialistes qualifiés avant d'entreprendre tous travaux d'aménagements piscicoles.

Pierre L. Landry était qualifié pour relever avec tenacité un tel défi, à cause de sa formation universitaire et post-universitaire, des années d'expérience dans l'enseignement collégial de la biologie, des contacts avec le milieu aquatique et piscicole, comme consultant auprès des pisciculteurs et des pêcheurs, et, de son rôle au sein du Ministère de l'Agriculture, des Pêcheries et de l'Alimentation du Québec.

L'auteur est natif du Bas du Fleuve St-Laurent. Il a fait ses études classiques au Collège de la Pocatière. Il a obtenu un Baccalauréat ès Sciences pêcheries à la Faculté d'Agriculture de l'Université Laval et une Maîtrise en agrobiologie, comme boursier du Conseil des Recherches Agricoles de la Province de Québec.

Ce traité de vulgarisation est le second de Pierre L. Landry qui, en 1972, a déjà publié avec succès un premier ouvrage intitulé «LES LACS ARTIFICIELS», en plus de nombreux articles dans diverses revues.

LOUIS ROCH SÉGUIN, M.Sc.
Biologiste professionnel en
pêcheries et conseiller piscicole

9

AVANT-PROPOS

Ce travail, sans être scientifique, se veut un ouvrage de haute vulgarisation, rédigé dans un vocabulaire simple.

Il veut combler une grande lacune d'ordre biologique chez les pêcheurs de truites, qui ne sont pas nécessairement des scientifiques en sciences biologiques. Un tel traité, si humble soit-il, devrait permettre aux fervents de la pêche d'épargner des sommes fabuleuses d'argent et du temps précieux à essayer vainement d'aménager à l'aveuglette leurs territoires de pêche, pour en améliorer les conditions halieutiques.

Plus souvent qu'autrement, un aménagement piscicole inadéquat fait plus de tort que de bien; par exemple, l'ensemencement non justifié de poisson de repeuplement peut augmenter, à un tel point, la densité de la population d'une espèce donnée, que tous les poissons, manquant de nourriture, ne peuvent atteindre une taille convenable, pouvant assurer la survie ou la dominance d'une espèce, au grand désarroi des pêcheurs, dont le but était diamétralement opposé.

Dans ce livre, on fournit l'occasion aux pêcheurs de se familiariser avec des notions de base en aménagement piscicole, qui leur permettront de mieux interpréter les conseils judicieux de scientifiques ou de biologistes des pêches, ayant une compétence certaine plutôt qu'une certaine compétence en la matière.

C'est pourquoi on traite:

— des aspects physique et chimique des eaux à Salmonidés.

— de l'étude biologique des lacs et des cours d'eau.

— de la pollution des eaux, préjudiciable aux Salmonidés.

— de l'aménagement piscicole d'une nappe d'eau pour en améliorer les conditions physico-chimiques.

— de l'amélioration biologique des eaux piscicoles.

— de quelques notions de pisciculture.

— de la pêche de quelques Salmonidés et de mesures de conservation.

L'auteur tient à remercier particulièrement M. Louis-Roch Séguin, M.Sc. biologiste professionnel en pêcheries, pour avoir rédigé la biographie de l'auteur. De plus, après avoir lu cet exposé, il y a apporté de nombreuses améliorations.

Plusieurs autres scientifiques et techniciens ont rendu à l'auteur des services, qui ont facilité la rédaction de ce volume. Il s'agit de:

— M. Antoine Fournier, B.Sc., chimiste.

— M. François Guay, B.Sc., biologiste.

— M. Pierre Samson, B.Sc., biologiste.

— M. Guy Des Biens, M.Sc., biologiste.

— M. Jean-Pierre Sabourin, B.Sc., biologiste.

— M. Pierre J. Paulhus, M.Sc., biologiste.

— M. Gilles Shooner, M.Sc., biologiste.

— M. Claude Roy, D.E.C., technicien en sciences naturelles.

— M. Alain Fortin, D.E.C., technicien en sciences naturelles.

— M. Lars Hansen, B.A., conseiller technique en pisciculture.

— M. Alain Leblanc, B.A.., communication.

— M. Claude Lavoie, M.Sc. mathématiques.

PIERRE L. LANDRY
Biologiste-Agronome

Chapitre I

ASPECTS CHIMIQUE ET PHYSIQUE
DES EAUX À SALMONIDÉS

A) IMPORTANCE DES ANALYSES PHYSICO-CHIMIQUES DE L'EAU

Les analyses physico-chimiques servent à déterminer la qualité de l'eau. Grâce à celles-ci, il est possible de vérifier la présence de certaines substances et même d'en déterminer la quantité. Les tests physiques permettent de mesurer différents paramètres utiles à l'évaluation de la qualité des eaux.

Certains gaz sont indispensables à la survie des Salmonidés; d'autres leur sont néfastes. Personne ne nie l'importance de l'oxygène dans la vie d'un poisson, ni la toxicité du sulfure d'hydrogène.

Certains liquides, introduits accidentellement dans une nappe d'eau, risquent de transformer l'écologie du milieu; c'est le cas de l'essence, qui nuit à son oxygénation en plus d'intoxiquer des larves importantes nécessaires à la nutrition du poisson.

La présence de substances solides dissoutes dans l'eau peut s'avérer utile ou néfaste au poisson. Certains sels de calcium, de sodium et de magnésium, à une concentration appropriée, jouent un rôle primordial dans la productivité aquatique. Les sels de cuivre, au contraire, sont toxiques, même si les concentrations sont très faibles.

B) ÉCHANTILLONNAGE

Pour effectuer des analyses physico-chimiques de l'eau, il faut d'abord procéder à son échantillonnage. Il existe, toutefois, des appareils calibrés pour mesurer, sans échantillonnage, des paramètres physico-chimiques au sein d'une nappe d'eau. Avec de tels instruments, on peut obtenir rapidement des résultats d'analyse. Leur popularité est grandissante.

L'échantillonnage doit être réalisé à l'aide de récipients propres. Les techniques de cueillette d'échantillons varient selon l'analyse projetée. Par exemple, pour vérifier la présence et la concentration d'un gaz dans l'eau, on prévient tout mélange possible d'air avec ce liquide. À noter qu'un seul échantillonnage n'est pas suffisant pour déterminer la qualité physico-chimique d'un milieu aquatique analysé.

Pour obtenir des résultats valables, il n'est pas suffisant de vérifier uniquement la qualité des eaux de surface. On doit aussi prélever des échantillons en profondeur. Les concentrations de gaz, à différentes profondeurs, peuvent varier selon les saisons. Pour recueillir de l'eau à une certaine profondeur, on utilise souvent une bouteille qui s'ouvre aux deux extrémités. Tout d'abord, on la fixe soit à une chaîne ou à une corde. La longueur est calibrée en mètres, en centimètres ou en pieds. L'instrument est descendu à la profondeur désirée. On place autour de la chaîne une pièce métallique trouée, appelée messager, qu'on laisse glisser jusqu'à la bouteille. Au contact avec un mécanisme fixé à celle-ci, cette pièce circulaire en permet la fermeture. On peut fabriquer à peu de frais une bouteille d'échantillonnage. Toutefois, les bouteilles de fabrication artisanale ne sont pas toujours des plus efficaces.

C) PRÉSERVATION DES ÉCHANTILLONS

La préservation des échantillons est primordiale pour l'obtention de résultats représentatifs. L'importance de leur conservation varie selon le genre d'analyse ou de tests à effectuer et le temps écoulé entre l'échantillonnage et l'analyse.

On conseille de les protéger contre les rayons solaires en les transportant dans des récipients teintés, car les rayons ultra-violets de la lumière solaire pourraient apporter des changements à la turbidité de l'eau. On doit utiliser des bouteilles isolées pour ralentir certaines réactions chimiques de l'échantillon. Très souvent, lorsqu'il est impossible de traiter l'échantillon recueilli en deçà d'un court laps de temps, on fixe l'élément recherché à l'aide d'un produit chimique spécifique. Il est conseillé dans certains cas d'utiliser de la glace pour bien conserver l'échantillon.

D) LES GAZ DANS L'EAU

Les Salmonidés ont des exigences qui leur sont propres et ne peuvent s'acclimater à n'importe quelle eau. Par exemple, la qualité et la quantité des gaz présents dans l'eau jouent un rôle de premier plan pour la survie des ombles et des truites.

I — L'OXYGÈNE

a) Composition

Une molécule d'oxygène contient deux atomes. Ce gaz forme environ le cinquième du volume de l'air et se dissout dans l'eau assez facilement.

b) Origine

L'oxygène de l'air se mélange à l'eau, grâce au phénomène de diffusion. Par exemple, l'action des vagues augmente la surface de contact de l'eau avec l'air et favorise ce phénomène.

c) Importance

Qu'il s'agisse d'animaux ou de plantes, les êtres vivants ont besoin d'oxygène pour vivre. Si la concentration de ce gaz dans l'eau est trop faible, les conséquences seraient néfastes aux poissons qui pourraient en être «stressés» ou asphyxiés. Dans une telle situation, lorsque possible, la gente piscicole quitte la nappe d'eau mal oxygénée, soit par la décharge (émissaire) ou par la charge (tributaire), à la recherche d'une concentration d'oxygène adéquate à leur survie. Les Salmonidés ne peuvent pas toujours quitter une nappe d'eau mal oxygénée, à cause d'obstacles infranchissables, tels que barrages ou chutes dressés sur leur route. Il arrive, parfois, qu'au début de la saison de pêche, le printemps, les sportifs constatent, avec surprise, que leur petit paradis de truites est littéralement vide. Naturellement, ils sont enclins à en accuser les braconniers, car ils ignorent que la véritable raison c'est l'anoxie (asphyxie) du poisson due à un manque d'oxygène dissous dans l'eau, pendant la saison hivernale, habituellement vers la fin de février et le début de mars, selon les latitudes et les altitudes. On sait que pour une excellente croissance, les ombles ont besoin d'une eau saturée à 80% d'oxygène. Cependant, la teneur en oxygène, en général, ne doit pas être inférieure à 6 mg/litre ou 6 parties par millions (ppm) pour éviter l'affaiblissement du poisson et sa vulnérabilité aux bactéries, virus et parasites mortels.

Dans le milieu aquatique, vivent en coordination, des plantes et des animaux; il en est de même pour les bactéries. Ces micro-organismes, qui jouent un rôle important dans la décomposition de débris d'origine végétale et animale, entraînent la libération de gaz dans l'habitat aquatique. À certaines concentrations, des gaz spécifiques peuvent intoxiquer le poisson. Certains gaz, tel que le sulfure d'hydrogène, ont la propriété de causer une diminution de l'oxygène dissous, d'acidifier le milieu aquatique et d'en diminuer, par le fait même, la productivité. D'autres acidifient l'eau en formant un acide avec l'hydrogène, comme par exemple l'acide carbonique.

L'oxygène diminue à mesure que la température augmente. Ce phénomène est normal, puisque l'augmentation de la chaleur dans le milieu aquatique donne plus d'énergie aux différents gaz en place et les force, ainsi, à quitter partiellement la masse d'eau. Certains lacs sont alimentés par des sources de fond, dont les eaux non aérées sont très pauvres en oxygène dissous; souvent, elles en sont littéralement privées. Des métaux, tels le fer et le manganèse, captent leur part d'oxygène en s'oxydant.

Tôt le printemps, après la fonte des glaces, la teneur en oxygène est presqu'uniforme dans toute la masse d'eau. On note le même phénomène pour la température.

Un pêcheur expérimenté sait profiter de la situation. Certaines espèces de poissons, telle le touladi, quittent les fosses, au printemps, et s'approchent des rives en quête de nourriture. C'est, d'ailleurs, l'époque des pêches quasi miraculeuses.

À mesure que les eaux se réchauffent, l'oxygène diminue. À la fin du printemps et durant la période estivale, ce gaz est surtout concentré près de la surface et aux embouchures des tributaires. Il y a des pertes d'oxygène à la partie supérieure d'un lac comme en profondeur; cette lacune est compensée par l'aération de l'eau, grâce au phénomène de diffusion.

Dans la couche d'eau qui recouvre le fond des lacs on enregistre de fortes baisses d'oxygène, surtout lorsque le milieu est riche en matières en décomposition.

À l'automne, ce liquide redevient oxygéné presqu'uniformément, comme au début du printemps, dû au phénomène du mélange des eaux, dont la densité de celles froides est plus grande que celles chaudes; ce qui fait circuler vers le fond les eaux froides et vers le haut les eaux chaudes.

En hiver, les nappes d'eau se couvrent de glace; conséquemment, la source d'oxygénation par diffusion n'existe plus. Pour survivre, les êtres vivants du milieu aquatique doivent se contenter de réserves d'oxygène accumulées durant les saisons précédentes.

II — L'ANHYDRIDE CARBONIQUE

a) Composition

C'est un composé inodore. Dans l'air peu pollué, on en rencontre 0.03 mg/litre. Il contient du carbone associé à l'oxygène (CO_2). Ce gaz (CO_2), présent dans l'air, se dissout dans l'eau tout comme l'oxygène.

b) Origine

Les précipitations atmosphériques augmentent la teneur en anhydride carbonique des eaux des lacs et des cours d'eau. En traversant l'air, la pluie se charge de ce gaz et l'entraîne dans sa chute. Le même phénomène se produit avec les eaux de ruissellement. Elles le véhiculent en coulant sur un sol, dont la partie supérieure en est riche. Ce composé est libéré par les organismes végétaux et les animaux qui s'y trouvent.

Une autre source d'approvisionnement, au sein même de la nappe d'eau, provient des plantes et des animaux qui libèrent du gaz carbonique par expiration. N'oublions pas les bactéries qui en rejettent une quantité appréciable, en décomposant les débris animaux et végétaux ou les matières organiques.

c) Importance

Même si ce gaz peut être toxique à une certaine concentration, il joue un rôle vital dans la nature. Par exemple, pour former les bicarbonates de calcium et de magnésium, il a son importance. Ces sels ont besoin du gaz carbonique, dit agressif, pour maintenir le pH de l'eau dans certaines limites et sans variation rapide. Le pH indique le degré d'acidité ou d'alcalinité de l'eau.

Les végétaux ont besoin de gaz carbonique. Il est aussi important pour eux que l'oxygène. Les plantes ont le pouvoir de fabriquer des composés organiques, qui sont des produits à base de carbone, d'hydrogène et d'oxygène, substances vitales pour les êtres vivants.

Si le gaz carbonique est en trop forte concentration, les Salmonidés ne peuvent survivre.

Lorsqu'on analyse une eau, on doit en déterminer la quantité de CO_2. Une concentration trop élevée de ce gaz indique une forte décomposition des matières organiques dans le milieu aquatique et peut provoquer la mort du poisson.

Le gaz carbonique (CO_2) dans l'eau forme l'acide carbonique (HCO_3^- + H^+) et provoque une baisse de pH qui, dans certain cas, peut atteindre un niveau critique, surtout lorsque la dureté est faible. Cette baisse accrue de pH est causée par l'absence de substances jouant le rôle de tampon.

Il existe une relation très étroite entre la présence de ce gaz et celle des plantes vertes; durant le jour, ces dernières, en plus de respirer, fixent le carbone du gaz carbonique et en libèrent l'oxygène. Cependant, durant la nuit, elles libèrent uniquement du gaz carbonique.

III — SULFURE D'HYDROGÈNE

a) Composition

C'est un gaz à base de soufre et d'hydrogène. Il est incolore; sa senteur forte rappelle celle des oeufs pourris. Sa formule chimique est H_2S.

b) Origine

Ce gaz se forme surtout à la suite de l'action de certaines bactéries qui décomposent des protéines contenant du soufre. C'est à la suite de cette décomposition que H_2S est libéré dans le milieu aquatique. S'il y a de l'oxygène dans celui-ci, H_2S se transforme en acide.

c) Importance

Le sulfure d'hydrogène est toxique aux Salmonidés. Il s'unit à l'oxygène pour former un acide préjudiciable à la productivité d'un milieu aquatique.

IV — LE MÉTHANE

a) Composition

C'est un gaz constitué de carbone et d'hydrogène. Sa formule chimique est CH_4. On le nomme souvent gaz des marais; il est inodore et sans couleur. Il peut provoquer des explosions violentes en présence d'air.

b) Origine

Il provient de la décomposition de débris animal et végétal par des bactéries anaérobies, qui n'ont pas besoin d'oxygène pour respirer.

c) Importance

Ce gaz peut intoxiquer le poisson. En hiver, il demeure facilement emprisonné dans une nappe d'eau recouverte de glace.

V — L'AMMONIAC

a) Composition

Ce gaz est constitué d'azote et d'hydrogène. Sa formule chimique est NH_3. Dans l'eau, cependant, il se transforme en hydroxyde d'ammonium ayant pour formule NH_4OH ou $NH_3.H_2O$. C'est un produit alcalin, dégageant une senteur forte, que chacun d'entre nous a certainement humé en pénétrant dans un poulailler.

b) Origine

Chez les vivants, il existe des produits organiques complexes, comme les protéines qui contiennent de l'azote. Lorsque les bactéries les décomposent, il y a formation d'ammoniac.

c) Importance

L'ammoniac est en faible quantité dans l'eau, à moins qu'il y ait pollution ou absence de bactéries pour transformer ce gaz.

On a longtemps pensé qu'une concentration de 0.5 mg/l d'ammoniac pouvait être néfaste aux Salmonidés. Cependant, certaines recherches démontrent que des poissons peuvent résister à de très fortes concentrations d'ammoniac, à la condition que la concentration d'oxygène soit élevée. Plus un poisson est jeune et exigeant en oxygène, plus l'ammoniac lui est nuisible. Plus une eau est acide, moins l'ammoniac est préjudiciable aux poissons, surtout en présence de substances toxiques, telles que le cuivre. L'ammoniac non ionisé est le plus toxique.

L'ammoniac cause l'hyperplasie des tissus branchiaux et rend la respiration difficile. De plus, l'ammoniac peut être capté par l'hémoglobine du sang, et cette affinité est plus forte que celle de l'oxygène. Une trop forte quantité d'ammoniac peut donc causer l'asphyxie du poisson. Le même problème peut être causé par le gaz carbonique.

E) LE pH DE L'EAU

I — Définition

Le mot pH veut dire potentiel en hydrogène. Sa mesure nous permet de déterminer si une eau est acide ou alcaline.

II — Origine

Le degré d'acidité de l'eau dépend de nombreux facteurs. Dans le milieu aquatique, il se réalise plusieurs réactions chimiques. Il s'ensuit souvent une libération d'hydrogène, sous forme d'ions, qui acidifie le milieu.

Le pH peut varier suivant les saisons et même les journées. Il peut être en relation, par exemple, avec la baisse ou l'augmentation du débit des tributaires. Si la période hivernale est longue, le pH est susceptible de devenir plus acide. Les gaz qui ne peuvent quitter une masse d'eau ont souvent pour effet de l'acidifier.

Un lac eutrophe, c'est-à-dire riche en dépôts organiques, sera plus acide qu'un lac oligotrophe, pauvre en ces dépôts, où il se produit moins de décomposition organique. Ceci est dû au fait que des micro-organismes décomposent une partie des dépôts organiques et que les gaz ainsi libérés acidifient la masse d'eau ou son pH.

Durant le jour, lorsque les plantes dégagent de l'oxygène, le pH a tendance à devenir plus alcalin. Durant la nuit, en dégageant surtout du CO_2, il se forme de l'acide carbonique, qui acidifie le milieu et son pH.

III — Importance

Par la mesure du pH, on détermine si une eau est acide (entre 7 et 0) ou alcaline (entre 7 et 14). Si le pH est acide, il arrive souvent que la quantité de gaz carbonique soit élevée et celle de l'oxygène assez basse. Un pH très acide caractérise une eau peu productive. La croissance du poisson est très lente dans ces eaux. Par exemple, des truites de quatre ans, vivant dans des eaux acides, ne pourraient dépasser dans certains cas, une longueur de dix à treize centimètres (de quatre à cinq pouces). Au contraire, dans une eau alcaline, des truites du même âge pourraient mesurer de quarante à cinquante centimètres, soit de quinze à vingt pouces. Même si les eaux dont le pH varie entre 6 à 9 conviennent aux Salmonidés, il est à conseiller de rechercher, pour leur repeuplement naturel ou artificiel, des eaux au pH entre 6.5 et 8.5.

F) LES SELS

Les sels de calcium, par exemple, sont très importants dans le milieu aquatique. Ils facilitent le développement des plantes et des animaux, même microscopiques.

G) TECHNIQUES D'ANALYSE CHIMIQUE DES EAUX

I — L'oxygène

Il existe des appareils modernes, appelés sondes à oxygène ou oxymètre, qui permettent de mesurer directement l'oxygène dissous dans l'eau. Il faut manipuler ces instruments avec précaution et veiller soigneusement à leur entretien. On applique également des méthodes d'analyses quantitatives effectuées en laboratoire. Il existe, sur le marché, différents laboratoires portatifs, munis de réactifs chimiques. Ils sont très utilisés, vu que leur manipulation est facile et ne demandent pas de connaissances approfondies en chimie. Les résultats obtenus ne sont pas toujours très précis, mais ils suffisent à donner une idée assez exacte, de la qualité du milieu aquatique étudié.

II — Les gaz toxiques

Le gaz carbonique, l'hydrogène sulfuré et l'ammoniac peuvent être mesurés quantitativement par des analyses rapides. On doit vérifier régulièrement la qualité des produits utilisés. Une solution d'hydroxyde de sodium (NaOH) est souvent employée pour déterminer le gaz carbonique dans l'eau. On doit régulièrement remplacer cette solution par une autre plus fraîche, à cause de son instabilité.

Pour vérifier la présence des gaz toxiques mentionnés précédemment, il existe des méthodes plus précises, mais beaucoup plus complexes, qui n'auraient pas leur utilité ici.

III — Le pH

La mesure du pH péut se faire avec un pH-mètre, appareil employé surtout en laboratoire. Il est muni d'électrodes et fonctionne à l'aide d'une source de courant alternatif ou d'une pile électrochimique. Il doit être calibré avant chaque mesure, selon la température et la région du pH à mesurer. Une seconde façon de mesurer le pH consiste à employer des indicateurs existant sous forme de solution ou de papier enduit de ce produit. Ce sont des substances qui changent de coloration, suivant le pH de l'eau. Cette méthode n'est pas des plus précises, mais nous renseigne assez bien, sans exiger d'instruments de mesure couteux..

IV — Les sels

Il existe plusieurs types d'analyses et de tests pour déterminer la teneur de certains sels dans l'eau, comme par exemple ceux de la conductivité, de l'alcalinité, de la dureté et des sels totaux. Cependant, une analyse de la dureté donne quand même une bonne idée de la productivité du milieu aquatique. Cette analyse est très facile à effectuer, lors de simples tests de routine.

La liste des vérifications chimiques peut se prolonger à l'infini. Toutefois, en effectuant adéquatement les quelques analyses expliquées précédemment, on peut déterminer jusqu'à quel point les conditions physico-chimiques d'une eau conviennent à une espèce de poisson, d'une taille donnée. Ce n'est pas le nombre d'analyses chimiques qui compte, mais les choix du temps et des endroits et, surtout, savoir interpréter les résultats d'analyses en fonction des exigences du poisson, dont on veut améliorer le milieu pour en accroître la production.

H) LA PROFONDEUR

I — Importance

Lorsqu'un lac est suffisamment profond, la masse d'oxygène est généralement plus grande que celle d'une autre nappe d'eau de même superficie, mais moins profonde. Le danger de mortalité du poisson, par anoxie, est moindre. Les eaux profondes se maintiennent froides. Leur couche inférieure est difficile à réchauffer par les rayons solaires, qui y pénètrent peu.

En hiver, les Salmonidés peuvent se réfugier dans les fosses, où la température se maintient à 4°C (39.2°F). Certains poissons qui affectionnent une eau très froide, tel le touladi ou truite grise, vivent dans les lacs profonds. Même durant les journées chaudes de l'été, ils trouvent dans ce milieu aquatique une température de 4°C (39.2°F).

Un lac profond permet aux poissons d'échapper plus facilement aux prédateurs et d'atteindre un âge plus avancé.

II — Quand doit-on sonder un lac?

Pour déterminer les profondeurs avec une certaine précision, si les instruments employés par des amateurs ne sont pas des plus modernes, on recommande les sondages d'hiver. On perfore la glace et on sonde en ligne droite, en gardant toujours la même distance entre les trous. Plus les sondages sont rapprochés, plus les données sont précises. Ce travail est souvent effectué en été. À moins de posséder des instruments très perfectionnés, il y a danger que les résultats de sondages estivaux manquent de précision.

III — La carte des profondeurs ou carte bathymétrique

Le sportif est heureux lorsqu'il peut obtenir la carte bathymétrique de son lac de pêche. Elle lui indique la profondeur, les charges (tributaires) et les décharges (émissaires) du lac. D'autres renseignements sur le milieu aquatique peuvent y être indiqués.

Pour établir une telle carte, on commence par se procurer une photographie aérienne de la nappe d'eau. On l'agrandit soit par projection, par procédé photographique ou à l'aide d'un pantographe. On trace sur cette carte des lignes droites parallèles, sur la longueur et sur la largeur du lac. Une fois sur le terrain, on essaie de situer sur le lac, avec le plus de précision possible, les lignes tracées sur la carte. Si on désire plus de précision, on peut recourir à des instruments d'arpentage perfectionnés. Ensuite, on effectue les sondages en suivant les lignes. Plus les sondages sont nombreux, sur une même ligne, plus la carte est précise. Ils doivent se faire à même distance les uns des autres, pour les transposer facilement avec justesse sur une carte. On relie les mêmes profondeurs par une ligne commune, nommée isobathe. Il n'est pas nécessaire de tracer les isobathes. Un point, accompagné d'un chiffre, indique directement la profondeur.

IV — Techniques de sondage

Pour procéder rapidement, on utilise des sondeuses électroniques. Selon l'appareil employé, il est possible de lire les profondeurs directement sur un cadran, ou recueillir les données sur un graphique.

Il existe une technique moins coûteuse pour effectuer les sondages: l'utilisation de la sonde à main. Ce genre d'instrument peut être fabriqué à domicile. Une pesée est attachée au bout d'une corde ou d'une chaîne, dont la longueur est calibrée. On descend cette pesée dans l'eau et on mesure la distance entre celle-ci et la surface. Il est important d'enregistrer les profondeurs à l'aide d'une chaîne ou d'une corde parfaitement verticale.

I) LA TEMPÉRATURE DE L'EAU

I — Importance

Les différentes espèces de poissons ont leurs exigences spécifiques, au point de vue de la température. Il existe, d'ailleurs, une étroite relation entre les gaz dissous dans l'eau, tels l'oxygène et la température du milieu. Une eau trop froide peut freiner la croissance des Salmonidés; comme en bas de 4.0°C ou 39.2°F. Une eau trop chaude entraîne souvent des problèmes de maladies ou d'intoxications. Une eau froide diminue le développement de la nourriture, celui des abris végétaux et l'appétit du poisson; la température de son corps variant avec celle de l'eau. Si l'eau est froide, la température du poisson est moins élevée et son métabolisme plus bas. Le poisson dégage moins d'énergie et se nourrit peu. Sa croissance en est par le fait même affectée.

II — À quelle profondeur doit-on enregistrer la température?

Ce travail doit être réalisé autant en surface qu'en profondeur. Il est préférable de noter les températures à tous les mètres (trois pieds), vu qu'elles peuvent varier selon les profondeurs.

En été, par exemple, l'eau est plus chaude en surface qu'au fond des lacs. À l'automne et à la fonte des glaces, la température des eaux est presqu'uniforme, en surface comme en profondeur. (Isothermie du printemps et de l'automne).

En hiver, dû au contact de la surface de l'eau avec l'air froid et au phénomène de densité qui fait que les eaux de 4°C sont les plus denses et se tiennent au fond du lac, on retrouve l'eau chaude en profondeur et l'eau froide en surface. Il est préférable qu'il en soit ainsi, car si l'eau se congelait à partir du fond, il s'ensuivrait un vide écologique.

III — Techniques de mesure

Les instruments employés sont des plus variés. Certains, très perfectionnés, enregistrent, en même temps, l'oxygène dissous et la température de l'eau. Vient, ensuite, un instrument assez efficace, le thermomètre électronique. On s'en sert pour enregistrer les températures aux profondeurs désirées. Il est muni d'un cadran, relié à un fil, terminé par une sonde qu'on plonge dans l'eau. On lit les températures sur le cadran. Certains modèles sont peu dispendieux, assez précis et exigent peu d'entretien. D'autres instruments électroniques servent à l'enregistrement de la température sur graphique.

En plus de ces instruments électroniques, on mesure la température avec différentes sortes de thermomètres à liquide. La plupart de ces instruments sont peu coûteux. Le thermomètre à maximum et à minimum sert à indiquer la température la plus haute et la plus basse enregistrée pendant un certain temps. Avant la découverte du thermomètre électronique, c'est cet instrument qui servait à l'inspection des lacs. Aujourd'hui, il est de moins en moins employé pour un tel travail.

Souventefois, le thermomètre à renversement est utilisé. Il est plus exact que le thermomètre électronique, et nous permet d'obtenir avec précision les températures en profondeur. Nous nous attarderons à discuter du plus simple de tous, du thermomètre ordinaire, du même genre que celui qu'on retrouve à l'intérieur et à l'extérieur des demeures pour y déterminer la température.

Pour enregistrer la température de l'eau en surface, par exemple, le thermomètre ordinaire convient. Cependant, pour obtenir une température exacte, on doit le lire lorsque son mercure est plongé dans l'eau. Si l'on n'a pas les moyens d'obtenir un instrument plus perfectionné pour enregistrer les températures en profondeur, il est possible de placer un thermomètre à main dans une bouteille à échantillonnage. Puisque cette bouteille est conçue pour recueillir l'eau à différentes profondeurs, on enregistre en même temps la température. Cependant, cette méthode n'est pas des plus précises.

Une dernière façon consiste à réserver les services d'un plongeur. En plus de lire les températures aux profondeurs désirées avec un simple thermomètre à main, il peut recueillir des échantillons d'eau dans une bouteille thermos.

J) LA COULEUR DE L'EAU

La couleur des eaux constitue un critère d'appréciation des compositions chimique physique et biologique du milieu aquatique. Sa coloration peut dépendre de multiples facteurs. Notons, par exemple, que la présence de plusieurs matériaux et organismes animaux et végétaux en suspension dans l'eau peut lui donner une certaine coloration.

I — Les eaux bleues

Une eau bleue est très transparente. Les matières en suspension sont en très faible quantité. On considère que ces eaux sont moins productives que celles de teinte jaunâtre ou d'un vert brunâtre. On constate d'ailleurs qu'un lac oligotrophe, pauvre en nourriture, possède souvent des eaux de coloration bleue.

II — Les eaux vertes

Selon B. Dussart (1966), une eau verte est relativement riche en plancton végétal, en phytoplancton, ou en carbonate de calcium. Cependant, elle n'absorbe pas autant de chaleur que les eaux brunes. Pour cette raison, ces eaux sont souvent moins productives que celles plus foncées.

III — Les eaux brunes

Elles sont riches en substances minérales, comme les sels de fer, ou en acides humiques. Cet acide provient de substances végétales en décomposition.

Les eaux brunes sont pauvres en sels, exception faite des sels de fer. On les trouve, souvent, dans les lacs en vieillissement, à forte sédimentation, soit les lacs eutrophes. Ce sont les eaux typiques des lacs à barrages de castors.

IV — Techniques de mesure

L'intensité de la coloration est mesurée par comparaison visuelle avec un échantillon, à concentration connue, d'une solution colorée. La comparaison est effectuée à l'aide d'un disque à coloration spéciale, lequel a été calibré préalablement. Selon l'intensité de coloration de l'eau, le nombre des unités augmente en proportion.

K) LA TRANSPARENCE

I — Importance

La transparence est une vérification, qui permet de déterminer sommairement la quantité de lumière qui pénètre dans l'eau. Plus l'eau est transparente, plus il y a pénétration de lumière. L'énergie solaire est importante pour le développement des végétaux aquatiques, qui libèrent de l'oxygène. Cependant, une eau trop transparente peut faciliter la tâche aux prédateurs.

II — Techniques de mesure

On peut recourir à des appareils électroniques modernes pour déterminer l'intensité lumineuse traversant une nappe d'eau. Cependant, on obtient un résultat valable avec le disque de Secchi. On le fixe par le centre à une chaîne ou à une corde, et on le laisse descendre dans l'eau, jusqu'à ce qu'on ne puisse plus distinguer le noir du blanc. À ce moment, on mesure entre le disque invisible et la surface. On contrôle les eaux agitées, au moyen d'une boîte vitrée placée à la surface.

L) LA TURBIDITÉ

I — Importance

Il ne faut pas mêler transparence et turbidité. Toutefois, les variations de transparence et de turbidité sont dues, souvent, aux mêmes phénomènes, tels que la présence de matières en suspension. C'est le cas, par exemple, de fines particules de sol et de plancton animal ou végétal, ou de phytoplancton et de zooplancton.

II — Techniques de mesure

La turbidité est mesurée à l'aide d'un appareil, calibré d'après la chandelle de Jackson; c'est un turbidimètre. Les résultats sont indiqués en unité de turbidité.

M) LA CONDUCTIVITÉ

I — Définition

C'est la capacité d'une eau à véhiculer le courant électrique.

II — Importance

La conductivité est une vérification très importante, pour déterminer la qualité d'une eau. L'intensité de la conductivité nous donne une bonne idée de la productivité de la masse d'eau. Certains biologistes s'en servent, d'ailleurs, pour calculer les «quotas» de pêche. Si la conductivité est élevée, c'est qu'il existe dans le milieu plusieurs sels, sous forme d'ions. Plusieurs d'entre eux servent aux animaux et aux végétaux en place, ainsi qu'aux bactéries.

III — Techniques de mesure

On mesure la conductivité à l'aide d'un conductivimètre. La conductivité est exprimée en micro-Siemens par centimètre, ou en Siemens par mètre, avec «S» comme symbole.

36

N) LA QUANTITÉ D'EAU D'ALIMENTATION

I — Importance

La quantité d'eau d'alimentation d'un lac ou d'un cours d'eau est très importante. Une bonne circulation d'eau fraîche favorise l'oxygénation. Le débit d'eau s'exprime généralement en pieds cubes par seconde, en gallons par minute, en mètres cubes par seconde ou en litres par seconde.

II — Techniques de mesure

Il est possible d'effectuer une mesure de débit au moyen d'un récipient, dont on connaît le volume. Cette méthode est employée pour déterminer un faible débit, lorsqu'on peut placer un récipient, soit en bas d'une chute, d'un rapide ou à la sortie d'un tuyau.

Supposons, par exemple, que le récipient employé peut contenir dix gallons, ou quarante-cinq litres d'eau; s'il faut cinq secondes pour le remplir avec l'eau de la source d'alimentation, on déduit qu'en une minute, il coule cent vingt gallons d'eau, ou cinq cent quarante litres, débit de cette dernière.

10 gallons (45 litres):	5 secondes
X gallons (x litres):	60 secondes

Réponse: 120 gallons/60 secondes ou
1 minute.

ou

540 litres/minute.

Une seconde méthode consiste à écluser un cours d'eau, temporairement, à l'aide d'un petit barrage. C'est une technique peu coûteuse et facile d'application. On fabrique ce barrage rudimentaire à l'aide d'une pièce de contreplaqué. Elle est placée à travers du cours d'eau, pour l'écluser temporairement.

L'étanchéité est obtenue au moyen de sol, qu'on entasse fortement au pied et aux coins d'ancrage de la planche. Le barrage, une fois bien étanche, permet à l'eau de monter graduellement. Lorsque la colonne d'écoulement d'eau s'équilibre, on en mesure la hauteur au moyen d'une règle. Cette mesure doit être effectuée en amont du petit barrage, où l'eau est à l'horizontale. Ensuite, on consulte un tableau préparé à cette fin pour obtenir directement le débit en gallons par minute. (Référence: **Volume: Les lacs artificiels** du même auteur, Éditions Laliberté, 3020 Chemin Ste-Foy, Québec., pp. 20-21) Une autre méthode, à peu près identique à celle-ci, consiste à écluser le cours d'eau avec un barrage possédant une ouverture en forme de «V».

On peut, aussi, évaluer un débit par calcul. On choisit une section du cours d'eau, où la profondeur est assez régulière. On évalue la quantité d'eau présente dans un volume, dont la longueur et la largeur sont déterminées à l'avance. On multiplie cette longueur par la largeur et la profondeur moyenne de cette section du cours d'eau.

Voici un exemple: Supposons qu'une section de rivière a une longueur de vingt pieds (six mètres), une largeur moyenne de quinze pieds (quatre mètre et demi) et une profondeur moyenne de deux pieds ou 0.61 mètre. Le nombre de pieds cubes d'eau dans ce volume est donc de six cents: (soit 20' X 15' X 2'), ou dix-sept mètres cubes, environ. Pour mesurer le temps qu'il faut à une telle quantité d'eau pour poursuivre une distance de vingt pieds, (six mètres), on calcule la vitesse du courant. On peut le faire avec des instruments perfectionnés, tels qu'un compteur rotatif, un dynamomètre ou en utilisant des méthodes électriques ou chimiques. Cependant, il est possible de l'évaluer en laissant descendre, dans le courant, un bouchon de liège, une pièce de bois ou une flotte, provenant d'un filet maillant ou d'une seine. On mesure combien de temps il faut à cet objet, pour parcourir la distance de vingt pieds (six mètres).

S'il a fallu vingt secondes pour que la pièce flottante soit entraînée sur une telle distance, on peut déduire qu'il coule dans cette petite rivière six cents pieds cubes d'eau (17 mètres cubes) en vingt secondes ou trente pieds cubes (un mètre cube) en une seconde; soit 600 pi.^{3} ou 17 mètres cubes ÷ 20 secondes = 30 pi^3/sec (0.85 m^3/sec.). Si on désire convertir les résultats en gallons impériaux, on multiplie le nombre de pieds cubes par 6.2. Un mètre cube contient environ deux cent vingt gallons impériaux.

BOUTEILLES À ÉCHANTILLONNAGE DE FABRICATION DOMESTIQUE

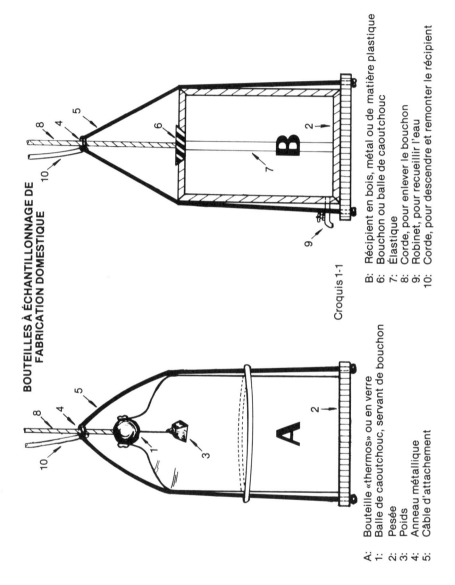

Croquis 1-1

A: Bouteille «thermos» ou en verre
1: Balle de caoutchouc, servant de bouchon
2: Pesée
3: Poids
4: Anneau métallique
5: Câble d'attachement

B: Récipient en bois, métal ou de matière plastique
6: Bouchon ou balle de caoutchouc
7: Élastique
8: Corde, pour enlever le bouchon
9: Robinet, pour recueillir l'eau
10: Corde, pour descendre et remonter le récipient

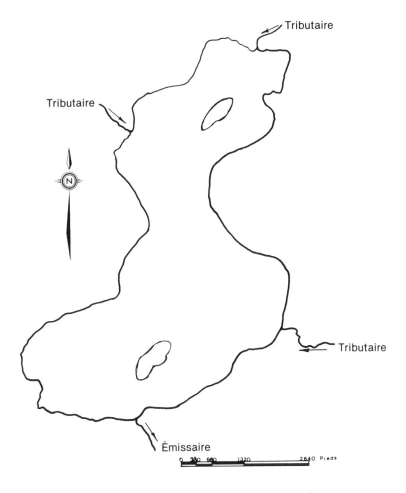

Contour de lac, réalisé à l'aide d'une photographie aérienne

Croquis 1-2

41

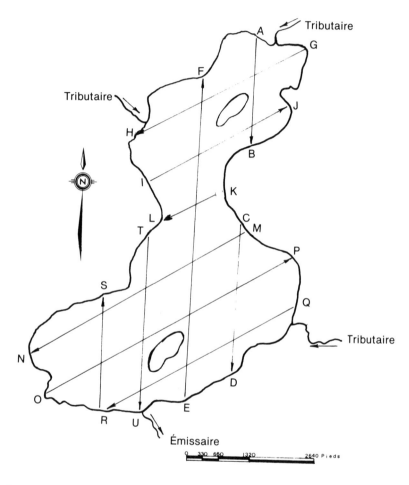

On a reproduit sur cette carte les lignes de sondage. Elles serviront à tracer les isobathes (lignes de mêmes profondeurs obtenues)

Croquis 1-3

Fig. 1-1 — *Bouteille à échantillon d'eau.*

Fig. 1-2 — *Analyse chimique de l'eau à l'aide d'un laboratoire portatif (Pisciculture Loubier, Dixville, Province de Québec).*

Fig. 1-3 — *Sondeuse électronique, de marque Furino couramment utilisée. (Photographie: Frédéric Shooner)*

Fig. 1-4 — *Thermographe, de marque Taylor servant à enregistrer la température (Station piscicole de l'Estrie) M.L.C.P., Province de Québec.*

Fig. 1-5 — *Utilisation du disque de Secchi, pour déterminer la transparence de l'eau.*

Fig. 1-6 — *Détermination du débit d'eau à l'aide d'un débimètre.*

45

Fig. 1-7 — *Appareil, servant à déterminer la vitesse du courant.*

CHAPITRE II

ÉTUDE BIOLOGIQUE
DES LACS ET DES COURS D'EAU

A) IMPORTANCE DE L'ÉTUDE BIOLOGIQUE DU MILIEU AQUATIQUE

Les animaux, les plantes et les bactéries jouent un rôle important dans le milieu lacustre, car ils sont inter-dépendants.

Les plantes servent d'abris à nombre d'animalcules, en plus de leur fournir un apport alimentaire non négligeable. Les bactéries décomposent des spécimens biologiques sans vie et libèrent, dans le milieu, des produits susceptibles d'être utilisés par d'autres spécimens. Elles jouent un rôle important dans l'assimilation des aliments, chez les vivants. Lorsqu'on poursuit l'étude biologique d'une masse d'eau, il est important de réaliser l'inventaire de la nourriture naturelle du milieu.

B) NOURRITURE NATURELLE DES SALMONIDÉS

I — Composition générale

La quantité et le genre de nourriture des Salmonidés varient selon les différentes conditions des lacs et des cours d'eau. Un alevin de Salmonidé ou de jeune poisson se nourrit, d'abord, d'animalcules microscopiques et, plus tard, d'organismes de plus en plus gros, au fur et à mesure qu'il croît. Exceptionnellement, certains gros spécimens, lors de l'éclosion de milliers d'organismes microscopiques, comme des daphnies, peuvent s'en nourrir presqu'exclusivement.

II — Le plancton

Le plancton est constitué d'organismes végétal, ou phytoplancton, et animal, ou zooplancton. Il existe dans le plancton des organismes visibles à l'oeil nu, le macroplancton, et d'autres identifiables uniquement sous le microscope, le microplancton.

Le zooplancton est composé de micro-organismes, qui montent vers la surface de l'eau la nuit, et fuient la lumière solaire durant le jour. Il dérive au gré des vents et des courants, et la durée de sa vie est soumise aux conditions chimiques et physiques du milieu.

Notons qu'on rencontre, dans les eaux douces, des daphnies et des «cyclops», fort appréciés des Salmonidés.

On recueille le plancton au moyen de filets de dimensions variées. Pour fabriquer un filet à plancton, à peu de frais, on se sert d'un bas de nylon, dont on coupe l'extrémité du pied pour y fixer un récipient collecteur. À l'autre extrémité, on fixe un anneau relié à une corde, qui sert à traîner le filet dans l'eau, qui filtre à travers des mailles du bas-filet, tout en y retenant vivant les petits organismes ou plancton.

III — Benthos, périphyton, necton

Le benthos comprend les organismes vivant dans des sédiments sur le fond des étendues d'eau. On y retrouve, par exemple, des larves d'odonates, ou libellules, et d'éphémères, ou mannes. D'autres organismes, le périphyton, vivent fixés aux tiges ou aux feuilles de végétaux aquatiques, enracinés, ou sur la surface de tout autre objet au dessus du fond des lacs.

La nourriture des Salmonidés est en grande partie constituée de larves d'insectes. Pour capturer du poisson, le pêcheur emploie toute une gamme d'appâts artificiels ressemplant aux larves d'insectes. C'est le cas, par exemple, de la larve d'éphéméroptère, qui possède trois cerques ou fourches. On la retrouve sur les fonds lacustres et dans la végétation submergée. La larve de l'hydrophile brun est carnassière; elle chasse même les jeunes alevins et n'en fait qu'une bouchée. Les larves de diptères, dont celles des maringouins, sont très appréciées de la truite et des ombles. Il existe certaines petites larves de diptères à coloration rouge, verte, blanche ou jaune, qui ressemblent à des vers annelés; elles constituent un véritable festin pour la truite. Ces larves peuvent vivre dans la vase, fixées à du bois ou à la végétation. Les mollusques sont des animaux avec une coquille externe ou interne. Certaines truites s'en nourissent, mais elles en sont moins friandes que des larves de diptères.

Les crustacés jouent un rôle important dans la diète des Salmonidés. Les gammares, par exemple, qui ressemblent quelque peu à de jeunes crevettes, sont fortement appréciées des poissons. On les rencontre, surtout, dans les eaux riches en végétaux et en matières organiques. Une truite qui se nourrit de crustacés revêt une magnifique coloration rose et son goût est exquis.

En dernier lieu, il y a le necton. Il représente les organismes nageurs, qui se déplacent à volonté. C'est le cas des cyprinidés, ou menés, dont peuvent se nourrir les Salmonidés, surtout la truite arc-en-ciel.

IV — Techniques d'échantillonnage

Il existe plusieurs sortes d'instruments pour recueillir la nourriture naturelle; par exemple, des filets, des dragues, des tamis, des seines, etc... En recueillant des plantes aquatiques, on attrape, du même coup, les larves ou autres animalcules qui s'y fixent. L'inventaire des contenus stomacaux du poisson permet de connaître une partie de la nourriture du milieu aquatique. Sur le bois mort et sous les pierres du bord d'un lac, des émissaires ou des tributaires, il est possible de récolter beaucoup de sortes de nourriture. Pour isoler les larves du sédiment, on filtre la boue à travers un tamis à l'aide d'un jet d'eau. On utilise, souvent, un trouble l'eau pour recueillir les larves sur les fonds lacustres. C'est un genre de puise avec un long manche.

C) LES PLANTES AQUATIQUES

I — Classification

Il est important de connaître quelques plantes. En nous inspirant du travail de R. Vibert et K.F. Lagler (1961), nous jugeons logique de les grouper en plantes immergées, nageantes et émergées.

a) Les plantes immergées ou submergées

Ces plantes vivent entièrement sous l'eau et, la plupart du temps, il en est de même pour leurs feuilles et leurs fleurs. Tel est le cas, par, exemple, de l'élodée du Canada, qui est très recherchée à cause de l'oxygène qu'elle dégage. Souvent, cette plante devient beaucoup trop envahissante et, par le fait même, nuisible.

Les algues sont également incluses dans ce groupe. Les plus caractéristiques sont les vertes filamenteuses, que les gens appellent communément «limon». D'autres algues importantes sont les characées (*Chara* sp., *Nitella* sp), ramifiées comme les plantes supérieures. Certaines espèces dégagent des odeurs très fortes (*Chara vulgaris*).

b) Les plantes nageantes ou flottantes

Certaines de ces plantes flottent sur l'eau et, par conséquent, leurs racines ne sont pas fixées au fond. C'est le cas de la lentille d'eau, appelée, régulièrement, «herbe à canard». On classifie également dans ce groupe, les plantes dont les feuilles flottent en surface de l'eau, mais leurs racines sont fixées au sol. C'est le cas des nénuphars.

c) Les plantes émergées

Ces plantes, à cause de leurs racines, sont fixées au fond des nappes d'eau; cependant, leurs tiges, leurs feuilles et leurs fleurs sont en dehors de l'eau. Voici quelques plantes importantes de ce groupe: les quenouilles, les carex, les sagittaires, les joncs.

La végétation aquatique, qu'elle soit immergée, nageante ou émergée, joue un rôle important dans l'équilibre d'un milieu aquatique. Toutefois, on conseille de ne jamais ensemencer de végétaux aveuglément, à moins qu'un spécialiste en biologie aquatique ne l'ait recommandé.

II— Importance

Les plantes sont importantes pour de multiples raisons. En voici quelques unes:

a) Protection contre l'érosion

Il existe plusieurs sortes de plantes aquatiques, susceptibles de prévenir l'érosion. Elles possèdent soit de fortes racines ou des rhyzomes, permettant au sol d'être retenu solidement; c'est le cas des quenouilles. Si l'érosion n'est pas contrôlée, un milieu aquatique s'envase rapidement. Cette sédimentation est souvent riche en minéraux et en engrais. Elle favorise la croissance des végétaux en abondance; en se décomposant, ils peuvent causer la mort du poisson. En plus de solidifier le sol, certaines plantes aquatiques peuvent constituer une nourriture importante pour les organismes présents.

b) Nourriture des poissons

Les Salmonidés sont des poissons carnivores qui ne se nourrisent pas de plantes. Par contre, ils mangent des larves d'insectes, des vers, des crustacés, des mollusques et bien d'autres animalcules qui eux, se nourrissent régulièrement de végétaux.

c) Abris

Les animalcules qui servent de nourriture aux truites et aux ombles se développent très souvent sur les plantes ou à l'abri de ces dernières. De plus, les Salmonidés se réfugient à l'abri des végétaux. Ces plantes procurent de l'ombrage aux poissons et leur permettent de se cacher.

d) Refroidissement des eaux

Certaines plantes nageantes, telles les nénuphars, procurent de l'ombrage aux poissons. Il en est de même pour certaines plantes submergées, sous lesquelles s'abritent les Salmonidés. Elles forment un véritable écran protecteur et empêchent l'eau de se réchauffer près du fond.

III — Méfaits d'une végétation aquatique trop luxuriante.

Voici les inconvénients d'une végétation trop dense.

a) Exhaussement des fonds

À l'automne, plusieurs plantes se décomposent totalement ou partiellement; les débris s'accumulent au fond des nappes d'eau. Elles deviennent de plus en plus vaseuses et très riches en matières organiques et minérales. Au sein de cette vase, des milliers d'organismes respirent et peuvent modifier la teneur en oxygène de l'eau. Avec les années, le lac entre dans une période de vieillissement, ou eutrophisation, et s'acidifie.

b) Diminution de l'oxygène et augmentation des gaz toxiques.

On sait que, durant le jour, les plantes libèrent de l'oxygène grâce à l'énergie solaire. Ce phénomène cesse durant la nuit, puisque la lumière est absente. Ainsi, les plantes ne libèrent plus d'oxygène mais uniquement du gaz carbonique, toxique au poisson.

Lorsque les plantes se décomposent, il y a des milliers de bactéries qui y collaborent. La plupart de ces unicellulaires ont besoin d'oxygène pour exécuter leur travail. En plus de libérer du gaz carbonique, il y a des bactéries qui rejettent des gaz toxiques, tels que le sulfure d'hydrogène et le méthane. Les poissons, et principalement les Salmonidés, ne peuvent vivre dans un milieu où la concentration de ces gaz est trop élevée.

Dans la vase en décomposition, se développent souvent des bactéries, des virus et certains animaux parasites, susceptibles de causer de graves maladies aux poissons. De plus, les poissons, qui réussissent à vivre dans un lac où la sédimentation est très forte, ont souvent un goût de vase, assez prononcé, à cause de certaines algues qui s'y développent.

D) INVENTAIRE ICHTYOLOGIQUE

Pour déterminer adéquatement les qualités d'un lac ou d'un cours d'eau, il est primordial de connaître sa population de poissons. À la suite de captures, on identifie la nourriture ingérée par ces poissons, leur mensuration, leur poids, leur sexe et leur âge. On vérifie s'ils possèdent des malformations, des parasites ou d'autres maladies. Si les spécimens capturés sont vivants, on peut les marquer et les remettre à l'eau, dans le but de déterminer leur croissance, leur déplacement et leurs moeurs, lors de leur recapture.

I — Quelques méthodes de capture

Certaines sont légales, d'autres pas et exigent par le fait même un permis spécial du Ministère du Loisir, de la Chasse et de la Pêche. (M.L.C.P.).

a) À la ligne

C'est une méthode légale et digne d'un vrai sportif. On la recommande fortement, car elle est probablement la moins sélective.

b) Les filets maillants

De nos jours, les filets maillants sont surtout fabriqués avec du fil de nylon. Le diamètre du fil varie selon la qualité du filet et la grosseur des mailles. Ces engins de pêche possèdent souvent des flottes et des pesées. Cependant, il en existe de plus simples qui, à la place des flottes, possèdent une corde flottante et une autre plombée servant de pesée. Ces filets ont l'avantage d'être manipulés, même par des débutants, sans danger de se mêler.

On choisit un filet selon les espèces et la grosseur des poissons à capturer. Toutefois, il arrive aux biologistes et aux techniciens d'employer des filets peu sélectifs. On capture dans un même filet des poissons, dont la longueur peut varier entre six et trente pouces (quinze à soixante-quinze centimètres).

Les filets maillants donnent, souvent, de bons résultats. Parfois, leur efficacité peut changer d'un milieu aquatique à un autre, selon la couleur des eaux, l'endroit où le filet a été placé et la période de la journée. Les poissons s'y accrochent par les opercules, les aspérités du corps et les dents.

Les filets maillants sont du type simple ou associé. Un filet associé est formé de trois filets réunis. Deux à larges mailles, bien tendus, encadrent un filet à petites mailles, mollement fixé aux deux autres. Le poisson passe facilement à travers le filet à larges mailles, mais il est arrêté par celui du centre, à mailles fines. Le poisson entraîne une partie du filet central à travers une maille du filet à grands carreaux, placé à l'extérieur. Il se forme, alors, une poche à travers ce troisième filet; le poisson y demeure emprisonné, vivant et sans blessure.

Les biologistes et techniciens ont recours aux filets, lorsqu'une population de poissons est restreinte, et qu'il est très difficile de les capturer à la ligne ou que le temps est limité pour réaliser leurs inventaires.

c) Les seines

La seine, ou filet araignée, est confectionnée de petites mailles très solides. Le centre est souvent plus profond et forme une espèce de poche, qui sert à retenir le poisson. C'est un engin de pêche aucunement sélectif. La seine est utilisée sur les fonds propres. Elle sert à encercler le poisson et permet sa capture sans le blesser.

Cet instrument de pêche est très efficace, surtout, lorsque les eaux sont peu profondes ou qu'il est possible d'en baisser le niveau.

d) Les verveux

Qu'on utilise le verveux, la nasse, la cage ou la trappe, le but est le même, c'est-à-dire de forcer le poisson à y entrer et de l'y attirer par un appât quelconque.

Un verveux est une trappe circulaire ou rectangulaire, dont une ou les deux extrémités sont en forme de cône. On ajoute souvent des ailes de chaque côté de l'entrée, pour que les poissons les suivent et pénètrent dans l'ouverture, en forme d'entonnoir, de la cage, où ils sont emprisonnés. Ces engins de pêche sont employés, surtout, pour l'inventaire piscicole des rivières et des ruisseaux. Ils peuvent être efficaces dans les lacs pour capturer certaines espèces de poissons, tels que des cyprinidés ou menés et des catostomes ou meuniers ou carpes à cochon. Les truites, plus méfiantes, y pénètrent rarement, à moins d'y être forcées. Un appât (viande, pain) réussit très peu à attirer les Salmonidés dans une trappe quelconque. Cependant, si un verveux est placé dans un ruisseau ou une rivière, de façon à barrer la route au poisson, il est obligé d'y pénétrer.

e) Les chaluts

Cet engin de pêche est surtout utilisé en mer. Il existe, cependant, de petits chaluts pour réaliser des inventaires en eau douce. Cet instrument de pêche est constitué d'un filet solide, en forme de sac. Il demeure ouvert sous l'eau, grâce à des pièces de bois, appelées portes. Cet engin est traîné derrière un bateau ou une chaloupe. Dans certains cas, les résultats obtenus sont efficaces; dans d'autres, ils sont discutables; tout dépend des espèces de poissons à capturer. Certaines espèces, une fois dans le chalut, sont assez rapides pour en ressortir et s'en libérer. C'est pour cette raison que cette technique de pêche n'est pas des plus faciles et exige une main-d'oeuvre bien entraînée.

f) La pêche électrique

C'est une pêche assez diversifiée. Une première façon consiste à attirer le poisson par un faible courant électrique. Cet appareil peut être utilisé seul, mais, parfois, il est jumelé à d'autres engins de pêche, tels que filet maillant, seine, etc... Une seconde façon consiste à paralyser le poisson et même à le tuer. Les résultats sont fonction de l'intensité et de la sorte de courant utilisé. Pour réaliser cette seconde technique, on fait appel à des électrodes, qu'on traîne dans l'eau, à des barrières ou à des filets électriques.

L'efficacité de la pêche électrique est en relation avec la concentration de sels dans le milieu aquatique. Pour les eaux à faible conductivité, on laisse dissoudre des sels dans le milieu pour faciliter le passage du courant électrique. Certains de ces engins de pêche sont passablement dangereux à manipuler.

Il existe beaucoup d'autres façons pour capturer le poisson, dont l'assèchement d'un plan d'eau, le recours aux chocs mécaniques (explosion) ou l'empoisonnement partiel.

II — Étude des spécimens capturés

a) Étiquetage

Les poissons capturés vivants peuvent être étiquetés. La méthode consiste surtout à fixer une étiquette de métal ou de plastique au poisson. L'étiquetage permet d'obtenir de précieux renseignements concernant le temps, la date, le lieu et l'espèce de poisson lors de sa recapture. L'étiquetage est plus avantageux que les autres formes de marquages: ablation de nageoire, tatouage, etc...

Lorsqu'on étiquette un poisson, on note dans un cahier le numéro de l'étiquette, la date, l'année et les différentes données recueillies sur le poisson (longueur, poids, sexe, etc...). Quelque temps plus tard, si le poisson est recapturé, on le mesure et on le pèse de nouveau. Il est, alors, facile d'évaluer sa croissance. L'étiquette nous permet également de déterminer le taux de mortalité, l'embonpoint et le déplacement des poissons.

b) Détermination de l'âge

Il existe de nombreuses façons de déterminer l'âge du poisson. Leur efficacité varie selon la méthode et l'espèe de poisson étudiée.

La plupart des poissons ont des écailles. Notons, à titre d'exception, que la barbotte n'en possède pas. Ces pièces protectrices s'accroissent chaque année par adjonction de couches concentriques. La lecture de ces couches concentriques ou annuli, nombreuses et larges durant la saison de croissance, étroites et peu nombreuses en hiver, peut donner l'âge assez juste de chaque poisson, du moins pour certaines espèces.

Outre l'évaluation de l'âge par les écailles, on peut la déterminer, aussi, par l'observation de certaines pièces osseuses, telles que les otolithes. L'otolithe est un genre d'osselet faisant partie de l'oreille interne du poisson. Chaque otolithe est une pièce dure, composée surtout de carbonate de calcium. La croissance des otolithes est discontinue. Pour cette raison, il y a alternance de cercles concentriques clairs et sombres. En examinant l'otolithe à l'aide d'une loupe binoculaire, on perçoit l'alternance des anneaux pâles et foncés. Les anneaux pâles sont formés au début de la saison et correspondent à la croissance estivale, tandis que les anneaux foncés révèlent la croissance d'automne. L'addition de ces deux séries d'anneaux nous donne la croissance d'une année.

Il est possible de déterminer l'âge d'un poisson, en étudiant d'autres formations osseuses. C'est le cas des rayons marginaux, des nageoires pectorales, des épines, des vertèbres et des opercules.

c) Détermination du sexe

Déterminer le sexe d'un poisson n'est pas toujours une chose simple. Il faut, souvent, vérifier le système de reproduction de l'animal, lequel est interne. Toutefois, durant la période de reproduction, il est beaucoup plus facile de distinguer un mâle d'une femelle. D'abord, chez les Salmonidés, sauf chez le touladi, les vieux mâles possèdent un crochet sur la mâchoire inférieure. Ils ont des colorations plus vives que les femelles. Par ailleurs, les femelles ont le corps plus rond et sont moins élancées que les mâles.

d) Autres vérifications

En plus de déterminer l'âge des poissons et leur sexe, on regarde s'ils sont parasités, malades ou dégénérés. Une fois ces vérifications réalisées, on poursuit l'analyse des contenus stomacaux pour déterminer la quantité et la qualité de nourriture provenant du milieu aquatique inspecté.

E) IDENTIFICATION ET MODE DE VIE DE QUELQUES SALMONIDÉS

Il existe au Québec plusieurs sortes de Salmonidés. Nous croyons, cependant, qu'il est préférable de nous limiter aux espèces les plus recherchées des sportifs.

I — L'omble de fontaine: *Salvelinus fontinalis* (Mitchill)

C'est un poisson bien connu des pêcheurs québécois, sous le vocable de truite mouchetée. Les sportifs nomment ce Salmonidé de différentes autres façons, telles que truite de ruisseau, rouge, saumonée, de rivière ou de mer.

a) Comment le reconnaître

L'omble de fontaine possède une bouche assez grande, ornementée de fortes dents sur la mâchoire, le palais et même la langue. Sa queue, ou nageoire caudale, est peu fourchue et aucunement comparable à celle du touladi, ou truite grise. Ce qui la caractérise avant tout, ce sont ses flancs pigmentés de points rouges, jaunes et oranges; certains sont entourés d'un cercle bleu. Sur le dos, on remarque des vermiculures très caractéristiques. Une caractéristique fondamentale pour différencier rapidement les truites des ombles est la suivante: les truites et les saumons possèdent des taches sombres sur fond pâle, alors que les ombles sont décorés de taches pâles sur fond sombre.

b) Mode de vie

Ne croyez pas pouvoir capturer ce Salmonidé n'importe où. Il fuit les eaux polluées et, pour cette raison, il a déjà quitté plusieurs de nos lacs et cours d'eau du Québec.

L'omble de fontaine ne peut vivre dans une eau peu oxygénée. Ce poisson tolère très peu les gaz toxiques, tels que le sulfure d'hydrogène, le méthane et un excès de gaz carbonique.

Il vit difficilement en eaux chaudes, dont les températures dépasseraient 74°F (23°C). Ce poisson peut résister un certain temps à des températures supérieures à cette dernière, mais, toujours, à la condition que les eaux soient bien oxygénées.

Au Québec, ce poisson se reproduit à partir de la fin du mois d'août jusqu'à la fin de décembre. Cependant, la période du frai varie grandement d'un lac à l'autre et d'une région à l'autre. Au moment de la reproduction, ces Salmonidés se trouvent surtout en amont des tributaires des lacs. Dans certains cas, ils préfèrent frayer dans le lac et parfois aux émissaires ou décharges. Une frayère à omble de fontaine est constituée de gravier assez grossier. Les oeufs y sont déposés par la femelle, fécondés et recouverts de gravier, pour les protéger des prédateurs et des rayons solaires.

Après quelques mois, le poisson éclôt et sort de l'oeuf. Il se nourrit d'abord de réserves nutritives accumulées dans une petite poche, ou sac vitellin, placée sous le ventre. Lorsque ce sac est complètement disparu ou résorbé, le jeune poisson ou alevin se nourrit d'animaux minuscules du milieu aquatique. Au fur et à mesure de sa croissance, il choisit des proies plus grossses, telles que des larves d'insectes, des mollusques, des crustacés, des vers et, parfois, des poissons.

c) Taille, poids, longévité

Ce poisson peut, exceptionnellement, atteindre une longueur supérieure à trente pouces, ou soixante-quinze centimètres, et peser près d'une quinzaine de livres, ou sept kilogrammes.

En moyenne, le poids des captures se situe entre un quart et un tiers de livre, ou entre cent quinze et cent cinquante grammes et leur longueur varie entre six et douze pouces, ou entre quinze et trente centimètres. Un omble de fontaine de dix-huit à vingt pouces, ou de quarante-cinq à cinquante centimètres, constitue un véritable trophée pour certains pêcheurs. Si on compare la longueur de vie de ce poisson à celle du touladi, elle est plutôt courte. Certains vieux spécimens peuvent atteindre jusqu'à sept à huit ans. Généralement, sa moyenne de longévité se situe entre quatre et cinq ans.

II — Le touladi: *Salvelinus namaycush*

a) Comment le reconnaître

Nous sommes heureux de posséder dans plusieurs de nos lacs cet imposant poisson appelé habituellement truite grise. Il est facilement reconnaissable à sa nageoire caudale très fourchue. Même si cette caractéristique semble assez générale, elle nous aide à le distinguer de l'omble de fontaine, dont la caudale est presque carrée.

Ce poisson possède sur les côtés du corps, des points rouges, orangés ou jaunes, ressemblant à ceux de l'omble de fontaine. Mais les points du touladi ne sont jamais encerclés de bleu.

On donne également à ce populaire poisson bien d'autres noms, comme truite de lac, omble gris et même «toque».

Même si on le nomme omble gris ou truite grise, méfiez-vous, car la coloration de sa peau n'est pas nécessairement toujours grise. Elle varie selon son habitat et sa nourriture.

Dans certains cas, les flancs du poisson tirent sur le vert; dans d'autres, ils ont une coloration plutôt saumonée. Certains touladis ont le dos vert olive, brun ou noir. Le ventre est plutôt blanc ou jaunâtre.

b) Mode de vie

Il ne vit pas n'importe où, dans n'importe quelles conditions. C'est un poisson d'eau froide qui affectionne les températures situées entre 39.2°F ou 4°C, et 50°F ou 10°C. De telles températures se rencontrent surtout dans les profondeurs des lacs. Voilà pourquoi les pêcheurs les capturent à de tels endroits, pendant la saison estivale. Rares sont les lacs à touladis, dont les profondeurs n'atteignent pas trente pieds, ou dix mètres, et plus.

Le touladi est très résistant aux fortes pressions dépassant, souvent, les cinquante livres au pouce carré, ou trente-cinq mille kilogrammes par mètre carré. Des pêcheurs en ont déjà capturés au filet à des profondeurs supérieures à cinq cents pieds, ou cent cinquante-deux mètres.

Le touladi est avant tout un poisson carnivore. Il est friand d'éperlans et de meuniers. Il aime les corégones appelés également hareng de lac et poisson blanc. Ce poisson mange souvent de la perchaude et du méné ou cyprinidé. Il lui arrive parfois de compléter son menu avec des oeufs de poisson et même des résidus d'aliments provenant de la surface. Certains Salmonidés sont plus exigeants et se nourrissent seulement de plancton et d'insectes aquatiques; mais les touladis, qui ne recherchent qu'une telle nourriture, ne peuvent grossir rapidement. C'est au début de ses premières années que la croissance du touladi est la plus rapide. Rendu à maturité sexuelle, elle devient très lente. Les mâles sont prêts à se reproduire entre l'âge de cinq à sept ans; les femelles entre six et neuf ans.

Le touladi se rend aux frayères à l'automne, lorsque l'eau se refroidit et atteint 50°F, ou 10°C. Le temps du frai varie considérablement, selon les différentes conditions des divers lacs. Dans certaines régions, les touladis sont sur les frayères dès la fin d'août; dans d'autres, la reproduction n'a lieu qu'en novembre.

Ce poisson fraye surtout la nuit. Il se reproduit, la plupart du temps, dans le lac où il vit. Il dépose ses oeufs généralement sur un fond rocheux exposé aux vents dominants. Les profondeurs auxquelles les oeufs sont déposés varient entre quelques centimètres et trente à trente-cinq mètres (cent pieds).

Certains touladis entreprennent de longs déplacements. Il vont frayer dans d'autres lacs et même dans des cours d'eau à omble de fontaine. Pour atteindre son lieu de reproduction, ce poisson doit souvent emprunter les passe-migratoires, pour contourner certains obstacles.

Le temps de la reproduction peut s'étendre sur une période de trois à quatre semaines. Les mâles et les femelles ne sont pas tous prêts à frayer en même temps.

c) Taille, poids, longévité

Certains touladis capturés atteignaient cent livres, ou quarante-cinq kilogrammes, et dépassaient six pieds, ou deux mètres de longueur. Le poids moyen des touladis, capturés à la ligne, peut varier de deux à cinq livres, ou d'un à deux kilogrammes et demi, et leur longueur de vingt-cinq à trente pouces, ou de soixante-trois à soixante-quinze centimètres. Ce sont de belles pièces à ferrer. Ce poisson vit beaucoup plus longtemps que l'omble de fontaine. De vieux spécimens pourraient même dépasser vingt ans.

III — L'omble chevalier: *Salvelinus alpinus* (Linné)

L'omble chevalier est le représentant nordique des Salmonidés. Également, il est appelé omble arctique, truite alpine ou truite arctique.

a) Comment le reconnaître

C'est un poisson à corps allongé et à tête courte. Sa nageoire caudale est plus fourchue que celle de l'omble de fontaine et moins que celle du touladi.

Ses nageoires ventrales et pectorales sont roses ou orangées. Les côtés du corps sont tachetés de points oranges ou rouges.

Il existe une différence fondamentale entre ce poisson et l'omble de fontaine; c'est l'absence de vermiculures sur le dos. Lorsqu'on lui regarde le dos, on a l'impression qu'il s'agit d'un menier, à cause de cette absence de vermiculures. Au moment du frai, il revêt des couleurs très caractéristiques.

b) Mode de vie

C'est un poisson d'eaux froides, qui fraie généralement au début de l'automne. Il dépose ses oeufs sur des fonds graveleux ou pierreux, à des profondeurs dépassant rarement une vingtaine de pieds, ou six mètres.

Le mâle choisit le territoire et le protège; la femelle prépare le nid. Contrairement au touladi, le frai a lieu surtout le jour. Le tout se déroule à une température d'environ 4°C, ou 39.2°F.

Les oeufs se développent à une température très basse et l'éclosion n'a lieu que six à sept mois plus tard, selon la température de l'eau.

Selon Scott, W.B. et Crossman, I.J., (1975), ce poisson peut descendre vers la mer comme le saumon; certains sont anadromes, d'autres pas. Les ombles chevaliers qui dévalent vers la mer, au printemps, remontent en eaux douces seulement à l'automne.

Ce poisson ne peut effectuer des sauts aussi acrobatiques que ceux du saumon. Il profite des marées pour se déplacer.

À l'instar des autres Salmonidés, il est carnivore. Il se gave de différents invertébrés et vertébrés. Il déguste, par exemple, des larves d'insectes, des amphipodes, des limaces, des crustacés et de nombreaux poissons, tels que: éperlans, ombles de fontaine, épinoches, chabots, et tous poissons de taille moindre, fréquentant son habitat.

c) Taille, poids, longévité

Certains spécimens peuvent dépasser un mètre, (39.4 pouces). Le poids moyen de l'omble chevalier est de deux à dix livres, ou d'un à quatre kilogrammes et demi. Certains gros spécimens dépasseraient les vingt-sept livres, ou les douze kilogrammes. Ce poisson peut vivre jusqu'à quarante ans. Cependant, c'est à vingt ans qu'il atteint sa croissance maximum.

IV — La moulac: *Salvelinus namaycush* X *Salvelinus fontinalis* (Mitchill)

Ce poisson est un hybride croisé artificiellement. Il provient du croisement, dans les deux sens, entre le touladi et l'omble de fontaine. On l'appelle également truite wendigo ou «splake» en anglais. C'est en 1949 qu'on a donné le nom de «splake» en anglais, en Ontario, et de moulac au Québec, par le biologiste Louis-Roch Séguin. Splake = **sp**eckled X **lake** trout; Moulac = **mou**chetée X truite de **lac**.

a) Comment le reconnaître

Il porte à la fois certaines caractéristiques du touladi et de l'omble de fontaine. Les vermiculures de l'omble de fontaine sont très évidentes et la caudale en est de beaucoup plus fourchue, quoique moindre que celle du touladi.

La moulac possède des points jaunes pâles sur ses flancs, tout près de la ligne latérale. Comme l'omble de fontaine, on note une marge blanche sur ses nageoires. Cependant, il ne possède pas de points rouges entourés d'un cercle bleu, comme c'est le cas chez l'omble moucheté.

b) Mode de vie

Ce poisson croît plus rapidement que le touladi. Il parvient à dépasser l'omble de fontaine en croissance, seulement après deux ou trois ans. Il n'atteind pas une taille aussi grosse que celle du touladi.

Il pond pour la première fois vers l'âge de deux ans et demi, alors que l'omble de fontaine, dans des conditions identiques, peut se reproduire vers un an et demi. La moulac se reproduit de la même façon que l'omble de fontaine.

c) Longueur maximum

On a capturé certains spécimens mesurant vingt-quatre pouces, ou soixante centimètres.

V — La truite arc-en-ciel: *Salmo gairdneri*

Ce poisson n'est pas un omble, mais une véritable truite, originaire de la côté Ouest d'Amérique.

Il nous fait penser au saumon d'Atlantique, car il se débat énergiquement hors de l'eau avant de se laisser capturer. Dans certains cas, il réalise des bonds de deux à trois pieds, ou d'un mètre, hors de l'eau. Cette résistance varie selon la température de l'eau. Ainsi, en eaux froides, on a l'impression de capturer un véritable saumon d'Atlantique, sauf que l'arc-en-ciel combat moins longtemps que ce dernier.

a) Comment le reconnaître

Il a le corps latéralement comprimé, le dos vert ou brun verdâtre. Sa nageoire caudale est légèrement fourchue. Ce qui le caractérise surtout, c'est la coloration rougeâtre de ses flancs avec des tons d'arc-en-ciel. Il ne possède pas de points rouges, comme l'omble de fontaine. Son corps et ses nageoires sont tachetés de noir. Ce poisson est argenté sur les côtés et a le dessous du ventre blanc.

b) Mode de vie

L'arc-en-ciel résiste mieux que l'omble de fontaine à une eau dépassant les 70°F, ou 21.1°C. Elle préfère les rivières à fort débit, aux lacs alimentés par des sources. Elle fut souvent ensemencée dans plusieurs lacs à ombles de fontaine. Les résultats obtenus furent, dans bien des cas, le contraire de ceux attendus. On croyait que l'arc-en-ciel s'implanterait dans ces eaux, à cause de son instinct combatif et carnivore qu'on lui attribue souvent. Quelques années plus tard, il n'y avait plus d'arc-en-ciel; il ne restait que de l'omble de fontaine. On ne peut conclure que l'arc-en-ciel ait été dévorée à belles dents par l'omble de fontaine. Ce poisson coloré ne s'était tout simplement pas reproduit, ou les résultats de sa reproduction s'étaient avérés nuls. Faute de descendants, la race s'était éteinte.

Pour s'implanter sérieusement dans un lac ou un cours d'eau, l'arc-en-ciel exige de bons débits d'eau. Souvent, parce que les tributaires, ou charges, et les émissaires, ou décharges, sont inefficaces à la reproduction, ou pour d'autres raisons d'ordre écologique, l'omble de fontaine fraie directement, avec succès, dans les eaux d'un lac, là ou se présente du gravier laissant «percoler» des eaux oxygénées. Les résultats sont quand même, dans bien des cas, excellents. Par contre, la truite arc-en-ciel ne s'adapte pas à de telles conditions. C'est un poisson de rivière qui se reproduit naturellement au printemps, dans l'Est d'Amérique et à l'automne, dans l'Ouest. À toute fin pratique, il fraie pratiquement à tous les mois de l'été, selon les endroits et les conditions.

Il est très difficile d'établir un rapprochement entre l'omble de fontaine et la truite arc-en-ciel. Toutefois, les pisciculteurs qui les élèvent le savent très bien. Des médicaments employés avec succès pour traiter des maladies de l'omble de fontaine, à une certaine concentration, sont toxiques pour l'arc-en-ciel. Certaines maladies affectent fortement l'arc-en-ciel, alors que l'omble de fontaine y résiste très bien et vice versa.

L'arc-en-ciel est une truite qui, comme l'omble de fontaine, aime se nourrir de larves d'insectes, de crustacés ou d'insectes adultes. Cependant, elle semble affectionner les jeunes poissons beaucoup plus que sa consoeur, qui n'en gave que de temps en temps.

Plusieurs pêcheurs préfèrent la chair de l'omble de fontaine à celle de l'arc-en-ciel, même si, dans les deux cas, elle est très saumonée et aussi délicieuse. Tout dépend de la taille, des conditions du milieu, de la température de l'eau, de la nourriture, de la saison, de la préservation du poisson, comme d'appréhensions d'ordre psychologique. Cependant, la truite arc-en-ciel est recouverte d'écailles plus volumineuses que l'omble de fontaine.

c) Taille, poids, longévité

Déversée en eaux libres, dans un milieu riche en nourriture, sa croissance est très rapide, surtout lorsque la population est faible.

Nous avons été témoins d'une expérience poursuive avec l'arc-en-ciel. Il y a plusieurs années, un sportif avait ensemencé un petit étang d'un acre, ou d'environ deux cinquième d'hectare de superficie avec 5,000 truites arc-en-ciel de deux à trois pouces, ou de cinq à sept centimètres et demi de longueur. Deux ans plus tard, elles atteignaient de quatre à cinq pouces, ou dix à douze centimètres et demi, au maximum. Ce pisciculteur amateur décida un jour de vendre une partie de sa production. Un sportif, qui possédait un lac d'un mille carré, ou d'environ deux kilomètres et demi de superficie, lui avait acheté une centaine d'arc-en-ciel; croyez-le ou non, mais un an plus tard, un des spécimens capturés mesurait vingt-quatre pouces de longueur, ou soixante centimètres.

L'arc-en-ciel peut atteindre une longueur supérieure à quarante pouces, ou à cent centimètres. On a déjà capturé un spécimen de cinquante-deux livres, ou vingt-quatre kilogrammes. Cependant, la moyenne du poids des captures est de deux livres et demie, ou d'un kilogramme environ, et la longueur se situe entre douze et dix-huit pouces, ou de trente et quarante-cinq centimètres.

L'arc-en-ciel vit, en moyenne, de six à huit ans. On en a déjà capturé dépassant les dix ans.

VI — La truite brune: *Salmo trutta*

Comme l'arc-en-ciel, la brune est une vraie truite et non un omble. Ce poisson est originaire d'Europe. Il aurait émigré au Québec vers les années 1890. C'est une truite aussi combative que le saumon d'Atlantique, mais moins spectaculaire que celui-ci, l'arc-en-ciel et l'achigan à petite bouche.

a) Comment la reconnaître

Elle a les flancs et le dos brun foncé, ornés de points noirs et rouges. Elle possède des écailles beaucoup plus petites que celles du saumon de l'Atlantique. Sa nageoire caudale est peu fourchue; sur ce point, elle ressemble quelque peu à l'omble de fontaine. On remarque, toutefois, sur ses flancs, des taches de couleur rouille et de formes irrégulières.

b) Mode de vie

C'est un poisson moins exigeant que l'omble de fontaine au point de vue des températures de l'eau. Il résiste assez bien à des températures pouvant atteindre les 75°F, ou 24°C.

C'est un poisson très méfiant. Sous cet aspect, il est loin d'être aussi facile à capturer que l'omble de fontaine et la truite arc-en-ciel. Pour cette raison, les sportifs le capturent surtout à l'aurore et à la tombée du jour.

Cette truite se reproduit dans les fosses de ruisseaux, tard l'automne ou au début de l'hiver.

Comme l'arc-en-ciel, elle est carnivore et se nourrit d'insectes aquatiques et terrestres, de larves, de crustacés, de mollusques, de salamandres, de grenouilles et de rongeurs. En outre, elle a une nette préférence pour les écrevisses. C'est un poisson qui croît plus rapidement que l'omble de fontaine, sauf pendant les deux premières années.

c) Taille, poids, longévité

Certains spécimens capturés dépassaient les quarante pouces, ou cent centimètres, et pesaient plus de trente-neuf livres, ou dix-huit kilogrammes, environ.

VII — La truite tigre: *Salmo trutta* X *Salvelinus fontalis* (Mitchill)

C'est un véritable hybride entre deux genres différents, parce qu'il est stérile. La moulac n'est pas un véritable hybride. Elle se reproduit du moins artificiellement. La truite tigre provient du croisement artificiel entre la truite brune et l'omble de fontaine. On ne rencontre pas ce poisson à l'état naturel dans nos eaux.

a) Comment le reconnaître

Cette truite est facile à distinguer des autres Salmonidés. Elle possède des vermicultures très prononcées, qui descendent beaucoup plus bas que celles de l'omble de fontaine. La truite tigre n'est pas décorée de points rouges encerclés de bleu. C'est un poisson plutôt trapu.

b) Mode de vie

Cet hybride vit à des températures à peu près identiques à celles de l'omble de fontaine. Cependant, après l'avoir ensemencé dans le milieu naturel, il n'a pas donné tellement de bons résultats. C'est un poisson qu'on garde surtout en aquarium, pour susciter la curiosité des visiteurs.

c) Taille

Certains spécimens pourraient atteindre au moins vingt pouces, ou cinquante centimètres.

VIII — Le saumon d'Atlantique: *Salmo salar (Linné)*

Le saumon d'Atlantique est bien connu des pêcheurs sportifs du Québec. Jusqu'à date, il a grandement contribué à attirer au Québec des touristes étrangers avec des devises, dont cette province a toujours grandement besoin. Il constitue donc, directement ou indirectement, une source de revenus très substantiels à l'industrie touristique québécoise.

a) Comment le reconnaître

C'est un poisson au corps élancé. Ses écailles sont plus grandes que celles des truites et des ombles. Les adultes ont des points noirs en forme de «X» sur la tête, les opercules, le corps et les nageoires anales et dorsales. Leur nageoire caudale est relativement fourchue. Cette caractéristique nous permet de le distinguer facilement de l'ombe de fontaine et de la truite brune à nageoires caudales presque droites.

b) Mode de vie

Ce saumon est un poisson anadrome. Il croît surtout en mer; mais se reproduit, à près de 95%, dans la rivière qui l'a vu naître. On prétend que toute rivière émet certaines odeurs caractéristiques perceptibles par cette espèce.

Les saumons adultes se nourrissent, en mer, de caplans, de harengs, de lançons et de différents crustacés.

Ce Salmonidé fraie de la fin d'octobre au début de décembre. À cette époque, les mâles sont très colorés et les vieux spécimens possèdent un maxillaire inférieur en forme de crochet très caractéristique.

Les oeufs sont enfouis dans le gravier en amont ou en aval des fosses, où la vitesse du courant est assez rapide. Selon la température de l'eau, l'incubation des oeufs fécondés peut durer de trois à six mois. Comme les autres Salmonidés, une fois éclos, ils se nourrissent des réserves nutritives de leur sac vitellin. Par la suite, ils s'alimentent d'animalcules du milieu aquatique. Lorsqu'ils auront atteint une taille plus respectable, ils dévoreront diverses larves plus grosses, telles que des odonates et des éphéméroptères.

Les jeunes saumons, nommés tacons, ressemblent quelque peu à l'omble de fontaine. Leur séjour en eaux douces varie de deux à trois ans, parfois huit ans, rarement un an. À un moment donné, ils décident de dévaler vers la mer. C'est alors que leur apparence extérieure change. Ils se nomment alors saumoneau ou «smolt».

En mer, ils émigrent aussi loin que la côte ouest du Groënland. Ils y demeurent d'un à cinq ans et s'y engraissent, avant de revenir frayer dans leur rivière natale.

c) Taille, poids, longévité

Le saumon peut atteindre des longueurs de six pieds et deux pouces, ou de 1.85 mètre. Des gros spécimens peuvent peser jusqu'à trente-sept kilogrammes, ou quatre-vingt une livres et demie environ. Le saumon vivrait neuf ans, en moyenne.

F) CONCLUSION

Nous sommes conscient que nous avons traité des Salmonidés de façon plutôt superficielle. Nous avons laissé de côté des spécimens, tels que l'omble rouge du Québec, *Salvelinus alpinus marstoni* et la ouananiche, *Salmo salar ouananiche.* Le premier est une sous-espèce de l'omble arctique, *Salvelinus alpinus*, et le second une sous-espèce du saumon d'Atlantique, *Salmo salar.* La ouananiche n'est pas un poisson anadrome. Elle demeure toute sa vie en eaux douces. La population de la région du Lac Saint-Jean est fière de sa ouananiche et tient à la conserver à tout prix.

Nous n'avons pas parlé de deux autres Salmonidés, le cisco de lac, *Coregonus artedii* et le grand corégone (poisson blanc) *Coregonus clupeaformis.* Ce sont deux espèces de poissons qui jouent un rôle important dans la chaîne alimentaire. D'ailleurs, le touladi les dévore avec délice. À cause de leur chair délicieuse, ces poissons sont pêchés commercialement et constituent, par le fait même, un revenu appréciable aux pêcheurs. Ce sont des poissons d'eaux froides de la famille des Salmonidés et de la sous-famille des Coregoninae, avec une nageoire adipeuse, comme les autres Salmonidés. Cependant, ils ne sont pas, comme les ombles, les truites et le saumon, recherchés comme poissons d'ordre sportif.

Quelques parties anatomiques d'un Salmonidé.

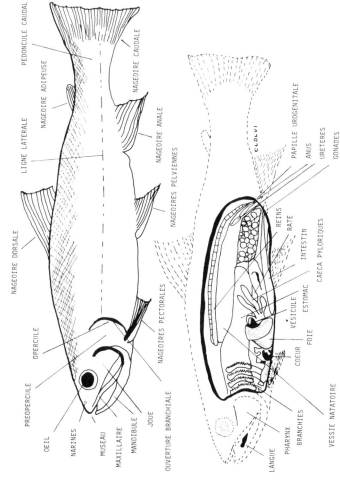

Croquis 2-1

Fig. 2-1 — *Échantillonnage de «benthos», à l'aide d'une chaudière à fond grillagé.*

Fig. 2-2 — *Trouble-l'eau, utilisé pour échantillonnage.*

Fig. 2-3 — *Plantes nageantes.*

Fig. 2-4 — *Plantes émergées.*

Fig. 2-5 — Pêche à la seine.

Fig. 2-6 — Nasse, pour la pêche de petits poissons.

Fig. 2-7 — *Étude d'organes de touladis. (Photographie: Claude Roy, T.S.N.)*

Fig. 2-8 — *Cette écaille provient d'une omble de fontaine, dont l'âge dépasserait les sept ans. (Photographie: Jean-Pierre Sabourin, biologiste).*

Fig. 2-9 — Omble de fontaine (Photographie: Alain Leblanc).

Fig. 2-10 — Truite arc-en-ciel (Photographie: Alain Leblanc).

Fig. 2-11 — Truite brune (Photographie: Alain Leblanc).

Fig. 2-12 — On aperçoit au centre de cette photographie un lac presque complètement disparu par suite du phénomène d'eutrophisation (vieillissement).

Chapitre III

LA POLLUTION DES EAUX
PRÉJUDICIABLE AUX SALMONIDÉS

A) UN MOT SUR LA POLLUTION

La pollution des eaux piscicoles est un véritable fléau. Nombreux sont les hommes de science qui se demandent si un jour on pourra le surmonter. C'est un problème d'envergure mondiale.

Puisque les Salmonidés ne peuvent vivre dans certaines eaux fortement polluées, nous croyons important d'en attirer l'attention.

B) LA CAPACITÉ D'AUTOÉPURATION D'UNE MASSE D'EAU

Les organismes vivants et le procédé naturel de décomposition dans le milieu aquatique exigent, l'un comme l'autre, de l'oxygène dissous. Une augmentation raisonnable de déchets organiques, faciles à décomposer et ne risquant pas de carencer le milieu aquatique en oxygène, contribue à l'enrichissement de ce dernier. Par contre, un excès de matières organiques en décomposition diminue trop la quantité d'oxygène libre et, par conséquent, appauvrit la productivité d'un lac ou d'un cours d'eau.

Généralement, les lacs isolés de la civilisation présentent aussi des problèmes de pollution, comme ceux du mercure ou d'une trop grande acidité. Quant aux masses d'eau, situées à proximité des villes, elles sont soumises à de plus nombreuses causes de pollution piscicole. Toutes les eaux ne sont pas nécessairement polluées, seulement parce qu'elles font mourir le poisson, mais aussi parce que le poisson a mauvais goût, ou encore, contient des matières toxiques, comme le mercure.

C) SOURCES DE POLLUTION

«Cet héritage du modernisme» peut provenir des pesticides, tels que les insecticides, ou produits pour tuer les insectes, les herbicides, ou produits pour détruire les végétaux et les fongicides, ou produits pour contrôler les champignons.

N'oublions pas les hydrocarbures, produits dérivés du gaz naturel ou du pétrole, qui affectent souvent nos lacs et nos cours d'eau. Les déchets industriels et domestiques causent des dégâts difficiles et surtout coûteux à réparer.

D) COMMENT DÉTERMINER LA POLLUTION DE L'EAU

On doit effectuer une analyse complète des eaux, tant au point de vue chimique, physique que biologique. On en détermine, par exemple, la quantité de nitrites et de nitrates. Si ces composés sont en trop grande quantité, ils provoquent une surcroissance d'algues, lorsque la température est élevée. Il en est de même pour les orthophosphates, qui servent d'agents de nutrition aux bactéries. Un lac ou une rivière s'enrichit en phosphore, à la suite du déversement d'eau d'égoûts domestiques, ou d'eaux de ruissellement, provenant de terres en culture où il y a eu application d'engrais.

L'analyse de l'oxygène dissous ne doit pas être négligée. Son taux est un bon indice de l'état des eaux. De multiples autres analyses peuvent être effectuées, telles que la demande chimique et biologique en oxygène, la détermination du fer, du cuivre, de la dureté, de l'alcalinité, du pH, etc... Une vérification par de nombreux tests physiques et biologiques vient compléter les analyses. Un test assez populaire est celui de la fertilité. Il permet d'évaluer la qualité nutritive d'une eau.

Une eau polluée contient généralement une forte quantité de bactéries, dites coliformes. Certaines risquent de se retrouver dans l'intestin de l'homme. Elles ne sont pas dangereuses, mais susceptibles de vivre en compagnie de virus ou d'autres bactéries pouvant causer de graves maladies.

Une technique assez répandue pour vérifier la présence des bactéries est celle dite: sur membrane filtrante. C'est un procédé rapide et simple. L'eau passe à travers un filtre, mais les bactéries demeurent sur celui-ci, s'y développent et forment des colonies faciles à dénombrer par la suite.

Il est possible de vérifier le degré de pollution d'un cours d'eau ou d'un lac, en effectuant l'inventaire du benthos. Un cours d'eau qui fourmille en larves d'éphéméroptères, ou mannes, et de plécoptères est certainement de qualité. Par contre, si on y capture seulement des larves de Tubifex, c'est que l'eau est de qualité médiocre.

Il en est de même pour le plancton (zooplancton et phytoplancton), qui est constitué de petits animaux ou de végétaux, qui se laissent aller à la dérive. Certains organismes préfèrent les eaux polluées; si on les trouve en très grand nombre, c'est un indice intéressant de pollution. À noter qu'une eau riche en animalcules ne devient polluée pour le poisson que lorsqu'elle en produit en excès, suite à trop de déversement d'engrais, sous des formes variées.

E) TRAITEMENT D'UNE EAU POLLUÉE

Les eaux peuvent être nettoyées à l'aide de nombreux procédés, comme la décantation. Il suffit de laisser reposer l'eau dans des réservoirs: les matières en suspension se déposent et plusieurs micro-organismes sont entraînés vers le fond dans ces dépôts. On emploie également des filtres pour retenir les impuretés. Toutefois, l'un des meilleurs moyens pour éviter de tels problèmes, c'est de ne pas souiller les eaux inutilement. Il est toujours plus facile de prévenir que de guérir. Chose certaine, si vous désirez conserver en bon état votre milieu de pêche, évitez de le polluer. Construisez-vous de bonnes fosses septiques. Les huiles et l'essence déversées sur l'eau nuisent fortement à son oxygénation et à la survie de nombreux organismes. Le monoxyde de carbone, libéré dans le milieu aquatique, et les hydrocarbures non oxydés entraînent une baisse d'oxygène. Si vous vous promenez en motoneige sur les lacs, les pertes d'huile et de gazoline auront des effets néfastes à la fonte des glaces.

Fig. 3-1 — Étang fortement envahi par des algues.

Fig. 3-2 — Des tonnes de déchets sont déversés quotidiennement dans nos cours d'eau, nos lacs et notre fleuve.

Fig. 3-3 — Utilisation d'une membrane filtrante dans le but de déterminer la présence de bactéries dans un échantillon (Photographie: Guy Des Biens, biologiste).

Chapitre IV

AMÉNAGEMENT PISCICOLE
D'UNE NAPPE D'EAU
POUR EN AMÉLIORER LES
CONDITIONS PHYSICO-CHIMIQUES

A) OXYGÉNATION

I — Le phénomène

L'oxygénation naturelle des eaux, c'est le mélange de l'oxygène de l'air avec le liquide, par diffusion.

II — Oxygénation artificielle

a) But

L'aération est de plus en plus populaire pour de nombreuses raisons:

1 — Elle permet d'éliminer, partiellement ou totalement, certains gaz toxiques pour le poisson, tels le gaz carbonique (CO_2) et le sulfure d'hydrogène (H_2S). L'ammoniac (NH_3) s'avère moins toxique, en milieu bien aéré.

2 — Elle facilite l'oxygénation plus uniforme de l'eau, à différentes profondeurs.

3 — Elle permet aux animalcules, qui servent de nourriture aux poissons, de se développer plus facilement; ce phénomène entraîne une meilleure croissance du poisson.

4 — Les poissons vivant dans un milieu bien aéré sont en meilleure santé, plus résistants aux maladies et se développent plus rapidement.

5 — L'aération diminue la croissance luxuriante de certaines algues. En effet, plusieurs espèces d'algues filamenteuses peuvent être éliminées grâce à l'aération.

6 — L'augmentation de l'oxygène dans le milieu lacustre élimine le «stress» du poisson, causé par le manque d'oxygène, et prévient l'anoxie.

7 — Une bonne aération peut empêcher la turbidité d'augmenter.

8 — L'aération permet aux mauvaises odeurs d'être évacuées du milieu aquatique et facilite une décomposition plus rapide de polluants biodégradables.

9 — Un dernier avantage de l'aération, c'est de faire fondre la glace partiellement et de prévenir sa formation.

b) Types d'aération

1 — Les chutes

C'est un aménagement simple; il a l'avantage d'être peu dispendieux. Il permet d'augmenter l'oxygène dissous sans entraîner de coûts énergétiques (électricité, gazoline, diesel, etc...). Ce système peu compliqué n'apporte pas de problème à moins d'enregistrer une baisse de débit.

La quantité d'oxygène, entraînée par les chutes, est fonction de différents facteurs; d'abord, il y a le débit. Il est évident que si une faible quantité d'eau coule dans la chute, l'oxygène entraîné par le liquide est moindre. La largeur et l'épaisseur de la chute a également son importance. Une chute large et mince est souvent plus efficace qu'une étroite et épaisse.

L'eau d'une chute est plus efficace lorsqu'elle tombe dans une fosse que sur des pierres.

Il n'est pas conseillé d'utiliser un tuyau pour aménager une chute; l'eau n'étant pas assez étalée, les résultats sont peu efficaces. En aménageant un tube en U, il est possible d'augmenter l'efficacité d'une chute.

2 — Les aérateurs

Les turbines ou aérateurs sont de plus en plus utilisés. L'eau est généralement poussée vers la surface, à l'aide d'une hélice mue par un moteur émergé ou submergé. Elle est propulsée dans l'air et forme un jet d'eau. L'hélice est isolée par une grille dans le but de la protéger ainsi que le poisson. Il est évident qu'un tel système demande un apport d'énergie non négligeable.

Certains aérateurs possèdent un flotteur qui permet de les maintenir en surface de l'eau; ce type d'aérateur demeure en place par ancrage. D'autres reposent au fond des bassins; on les utilise lorsque le niveau d'eau ne varie pas.

3 — Les diffuseurs

Les diffuseurs donnent un bon rendement, à condition d'être utilisés adéquatement. En plus d'être employés en aménagement piscicole, on y recourt régulièrement pour transporter le poisson.

Un compresseur pousse l'air dans un diffuseur. Ce dernier est bien ancré et muni de trous minuscules, permettant à l'air de s'échapper dans le milieu aquatique.

Il est important qu'aucune perte d'huile ne provienne du compresseur.

L'air doit être libéré dans l'eau en bulles très fines. Plus les bulles sont minimes, meilleure est l'aération, à cause de la grande surface d'air en contact avec l'eau. La profondeur joue également un rôle important.

4 — Les hydro-injecteurs

Ce type d'oxygénation permet à l'air de se mélanger à l'eau, par suite d'une dépression ou d'un vide; c'est le principe de la trompe à vide, qui entraîne l'air par écoulement d'eau.

Il est important que le tuyau d'alimentation soit sous l'eau et à une certaine profondeur, pour permettre à l'oxygène de se dissoudre plus facilement.

5 — Les pompes

Les pompes peuvent être utilisées pour projeter l'eau dans l'air, en la brisant. Ce système n'est pas tellement efficace, si on calcule l'énergie consommée. Elles sont surtout utilisées pour permettre une recirculation d'eau.

6 — La diffusion directe d'oxygène

L'oxygénation est réalisée à l'aide d'un diffuseur alimenté par de l'oxygène, provenant d'une bombone. L'oxygène liquide ou gazeux peut être utilisé. Cependant, c'est un système beaucoup trop dispendieux pour être employé à grande échelle. On l'utilise surtout pour le transport du poisson.

7 — L'aménagement des tributaires

Pour faciliter l'oxygénation des eaux, il est important que les charges d'un lac soient bien aménagées. Souvent, ces eaux ne sont pas suffisamment aérées. Dans d'autres cas, elles sont pauvres en oxygène, car, tout au long du cours d'eau, des castors y ont aménagé des barrages. L'inondation des terres environnantes favorise la libération d'acides humiques dans le milieu et acidifie le pH. L'oxydation de ces acides diminue le taux d'oxygène dissous dans l'eau. Il est, quelquefois, préférable de briser certains barrages pour éliminer l'acidité de l'eau et en faciliter l'aération. Il est souvent souhaitable d'abaisser le niveau d'eau de seulement un pied ou deux, ou de trente à soixante centimètres, à plusieurs endroit, sur le trajet d'un cours d'eau, pour lui permettre de s'oxygéner sans s'acidifier.

Si les charges d'un petit lac ne suffisent pas à son oxygénation naturelle, on y supplée avec d'autres sources d'eau, telles que des puits artésiens.

On peut réussir, suivant la topographie du terrain, à diriger vers un lac mal oxygéné, un nouveau tributaire. Dans bien des cas, la masse d'eau est avantageusement transformée.

III — Prévention d'une baisse d'oxygène et d'une augmentation d'acidité

Pour empêcher l'oxygène de réagir avec certains gaz toxiques, comme le H_2S, et d'entraîner une réduction de ce gaz vital (O_2) en hiver, on place, en surface du lac, à différents endroits, des boîtes de bois bien isolées et munies d'un couvercle. Lorsque c'est possible, on fixe à l'intérieur de cette boîte une ampoule électrique, dont le rôle est de dégager une certaine chaleur.

Lorsqu'on ouvre le couvercle, les gaz toxiques, provenant des eaux, peuvent s'échapper et améliorer le milieu de vie du poisson.

B) VARIATION DU pH

Les Salmonidés recherchent un pH entre 6.0 et 9.0 environ. En bas de 6.0, les eaux sont trop acides et en haut de 9.0, trop alcalines pour ces poissons. De plus, une variation trop rapide de pH peut «stresser» le poisson et même causer sa mort.

I — Correction d'un pH trop acide

a) Par dévasement

Il arrive qu'une nappe d'eau soit acide, à cause de la présence d'une forte sédimentation en décomposition. Pour un lac de faible superficie et peu profond, l'acidité de l'eau est diminuée en enlevant la matière organique ou vase accumulée en trop forte quantité. Il est donc possible de rajeunir artificiellement un lac. On isole cette vase, à l'aide de pelles mécaniques ou tout simplement en l'évacuant par succion. Si le lac est vidable artificiellement, le dévasement peut être réalisé à l'aide d'un bulldozer. Par l'enlèvement de cette couche de sédimentation, en plus d'éliminer la cause d'acidification du milieu, on obtient un lac plus profond. La masse d'eau devenant plus grande, il y a, par le fait même, plus d'oxygène et plus d'espace vital. De plus, la matière organique étant en plus faible quantité, les gaz toxiques libérés dans le milieu aquatique sont moindres et l'oxygène plus disponible.

b) Par oxygénation

En aérant une masse d'eau, on active le phénomène d'oxydation. On diminue, par le fait même, les ions hydrogène (H^+) libres dans le liquide, en les oxydant. Ces ions (H^+) sont responsables de l'acidité. De plus, on fournit, aux organismes responsables de minéraliser la matière organique en décomposition, l'oxygène dont ils ont besoin.

c) Par addition de substances alcalines

On alcalinise le pH par chaulage du sol. Il y a, par le fait même, libération d'éléments basiques dans le milieu aquatique et décomposition de la matière organique. Il est possible d'élever le pH en ajoutant des carbonates et certains engrais chimiques. Un matériel riche en carbonates, tels que des valves de mollusques, constitue une substance très alcaline; en broyant de tels coquillages, on fabrique une poudre qu'on étend dans la masse d'eau.

II — Correction d'un pH trop alcalin

Un pH très alcalin peut être causé par différents facteurs. C'est le cas de masses d'eau qui auraient subi un chaulage excessif ou l'introduction d'engrais ou de phosphates en trop grande quantité. Une trop forte alcalinisation pourrait provenir, aussi, du délavage de terres agricoles ou de dépôts alcalins à l'état naturel.

a) Élimination des sources alcalines susceptibles d'être entraînées dans le milieu

Il est important de freiner les sources alcalinisantes du milieu aquatique. Ainsi, on évite de drainer vers un lac ou un cours d'eau, les eaux de ruissellement, provenant de terres en culture, ou de routes où il y a déversement de sels de calcium durant l'hiver.

96

b) Dévasement

Si le produit alcalin est présent dans le milieu aquatique, en forte quantité, il est toujours possible de l'extraire par dévasement.

c) Addition d'une substance acide

Il y a possibilité d'ajouter un produit acide, tel que de la tourbe dans un lac trop alcalin. Toutefois, si c'est possible, il est préférable de régler le problème autrement.

d) Contrôle des plantes aquatiques

La présence d'une grande quantité de plantes, des algues par exemple, peut contribuer à alcaliniser le milieu. Il faut donc contrôler la croissance des végétaux.

C) AUGMENTATION DES SELS DISSOUS

La quantité de sels peut être augmentée, en introduisant dans le milieu des substances à base de calcium et de magnésium. On a souvent recours à des sels de chaux. Il est également possible d'introduire des engrais qui possèdent du calcium. Une dernière technique consiste à placer dans la nappe d'eau, des cubes de sels, à peu près identiques à ceux qu'on donne aux bovins. Une trop forte quantité de sels pourrait cependant occasionner des problèmes.

D) REFROIDISSEMENT DES EAUX

Il existe différentes techniques pour refroidir les eaux.

I — Aménagement d'un barrage

On rencontre des barrages en bois, en béton et même en terre. Les castors en fabriquent en mélangeant plusieurs substances, telles que du bois, des feuilles, de la boue, des plantes et même des pierres. Nous discuterons, surtout, de l'aménagement de barrages de bois. Ils sont faciles à construire, même dans les régions difficiles d'accès. Nous ne parlons pas des barrages de terre, car nous avons présenté en

1972 un travail intitulé: «LES LACS ARTIFICIELS» (Éditions Laliberté, Ste-Foy), où il en est question.

Il y a quelques décennies, on a réalisé, au Québec, de nombreux barrages forestiers. À cette époque, les lacs facilitaient le transport du bois. Aujourd'hui, on délaisse de plus en plus ce système, car on emploie surtout des camions.

a) Le barrage forestier

1 — Définition

Il existe plusieurs sortes de barrages forestiers. Les plus simples sont constitués d'une série de palplanches, formant un mur-écran quelque peu incliné vers l'arrière. Ce mur, retenu par des poteaux, constitue une véritable barrière pour l'eau. On ne peut recommander l'aménagement de tels barrages, à moins qu'on ne veuille élever le niveau d'eau de seulement trois ou quatre pieds, ou d'environ un mètre.

Le barrage à caissons est nettement plus efficace, même s'il est plus compliqué à réaliser. Comme son nom l'indique, il possède des genres de boîtes, appelées caissons. Ces boîtes sont constituées de troncs ou de pièces de bois entrecroisés. Pour solidifier le barrage, on introduit souvent de la pierre dans les casiers. Les caissons sont situés à la partie arrière de l'ouvrage, en aval. Ils soutiennent le glacis, en amont du barrage, qui sera presque totalement submergé par l'eau, une fois l'ouvrage terminé.

Au centre du barrage, on note la présence d'un plancher, nommé tablier. L'eau passe sur le tablier lorsqu'elle quitte le lac. Celui-ci est encadré par deux murs verticaux. L'espèce de canal formé par le tablier et les deux murs verticaux se nomme pertuis.

2 — Site ou emplacement

On conseille de choisir un terrain solide tout en évitant de construire un barrage trop long et, par le fait même, dispendieux. Une fois le site choisi, on détermine, suite aux prises de niveaux, la hauteur du barrage et la surface susceptible d'être inondée par l'eau. On en profite pour couper le bois que l'eau pourrait submerger, une fois l'ouvrage terminé.

3 — Plan

À partir des données recueillies sur le terrain, le plan de l'ouvrage est dessiné. Un ingénieur peut facilement calculer les dimensions du futur barrage.

4 — Choix des matériaux

Pour construire un barrage forestier, on emploie du bois mou, tel que l'épinette, le sapin ou le cèdre. Le bois utilisé a, généralement, une épaisseur de six à dix pouces, ou de quinze à vingt-cinq centimètres. On le traite, quelquefois, avec de la créosote pour ralentir son pourrissement.

S'il y a des pierres à proximité, on s'en sert pour charger les caissons. On évite ainsi la construction d'un barrage à glacis très incliné et on économise du bois.

5 — Réalisation

Pour réaliser ce travail, on emploie un bélier mécanique. On s'efforce de niveler le sol afin de débuter le barrage au niveau.

On pratique un canal à l'une des extrémités du futur barrage, pour ne pas être incommodé par l'eau pendant sa construction.

On commence la construction d'un barrage en plaçant sur le sol, parallèlement au courant, des pièces de bois sur lesquelles on l'appuie. Ces morceaux de bois sont distancés d'environ six pieds, ou deux mètres, les uns des autres. On les recouvre, à angle droit (90°), avec d'autres pièces de bois, placées à une certaine distance les unes des autres. Elles sont fixées entre elles par des clous d'une douzaine de pouces, ou de trente centimètres de longueur.

La construction de l'ouvrage se poursuit de la même façon jusqu'au sommet. À différents endroits, à l'intérieur du barrage, on laisse un ou plusieurs espaces pour le pertuis, selon l'ampleur de l'ouvrage.

À mesure que les caissons progressent, on les charge de pierres pour bien ancrer le barrage.

Une fois les pièces de bois entrecroisées et bien fixées les unes aux autres, on fabrique le glacis. On recouvre la partie avant du barrage (la partie penchée vers l'arrière) avec deux épaisseurs de madriers ou des troncs d'arbres. On procède de la même façon pour terminer les pertuis.

Les pièces de bois dans les pertuis sont toujours placées parallèlement au courant, pour empêcher leur bris par la glace ou les arbres à la dérive.

6 — Contrôle de l'infiltration

Une fois les pertuis et le glacis terminés, on fabrique, à chaque bout du barrage, un mur vertical, qui a pour but d'empêcher l'eau de s'infiltrer. Ce mur doit être solidement fixé au sol. On conseille de le recouvrir d'une pellicule de polyéthylène pour le rendre plus imperméable.

Cette barrière terminée, on pousse de la terre de chaque côté pour la solidifier. On fabrique en même temps un chemin qui donne accès au barrage.

S'il y a infiltration à des vitesses assez élevées, le matériel le plus fin du sol est entraîné par l'eau et une rupture possible du barrage peut en résulter.

Pour parer à une telle éventualité, on recouvre une partie du glacis avec du sol, le plus imperméable possible. Dans certains cas, on enfonce verticalement en avant du glacis, une rangée de billots ou de madriers jusqu'au roc. C'est une bonne façon de contrôler l'infiltration.

Pour terminer, on fabrique un treuil. Il permet de descendre ou d'enlever, à volonté, les poutrelles qui servent à maintenir le niveau d'eau.

7 — Conseils pratiques

Avant de vous lancer dans une telle réalisation, pensez-y deux fois. Au départ, vous devrez respecter la législation en présentant au Gouvernement du Québec un plan de l'ouvrage projeté. Le Ministère de L'Environnement, en vertu de la Loi du Régime des Eaux ainsi que celle de la qualité de l'Environnement, le Ministère du Loisir et de Chasse et Pêche ainsi que celui de l'Agriculture, des Pêcheries et de l'Alimentation doivent au préalable accepter le projet.

La consultation d'un expert vous coûtera moins cher que le bris de votre ouvrage.

b) Barrage en béton

Nous n'expliquerons pas comment aménager un barrage en béton. Ce genre de construction est très complexe et doit être confié à des experts.

1 — Le barrage-poids

Il est composé d'une imposante masse de béton. Grâce à ce poids, il retient des masses d'eau assez impressionnantes. Ces barrages sont aménagés sur des fonds rocheux.

2 — Le barrage-voûte

Il est en forme d'arc. Ses extrémités sont appuyées sur des rives solides; sa forme lui permet d'être très résistant aux poussées de l'eau.

On ne peut réaliser ce genre de barrage n'importe où. Les vallées abruptes, à rives solides, lui conviennent très bien.

3 — Le barrage à contreforts

Ce barrage est constitué d'une paroi imperméable, appuyée sur des piliers. Un tel ouvrage n'exige pas autant de béton qu'un barrage-poids. Par contre, pour être solide, on doit y introduire une quantité importante d'acier d'armature.

4 — Précautions

L'aménagement d'un barrage de béton exige des connaissances techniques spécialisées. Avant d'entreprendre ce genre d'ouvrage, consultez un ingénieur. Ce professionnel a la compétence pour effectuer des sondages et des analyses mécaniques des sols. Il peut considérer les conditions topographiques du terrain. Il peut déterminer le type de barrage à aménager, selon le site et l'utilisation projetés. Il choisit les matériaux requis (sorte de béton, acier d'armature). Il en détermine le coût d'aménagement. L'ingénieur calcule, entre autres, les poussées exercées sur le barrage par l'eau et par la glace. Il indique le type d'acier d'armature à utiliser, ses dimensions, ainsi que les endroits où le placer. En dernier lieu, il trace un plan détaillé de l'ouvrage projeté.

c) Influence d'un barrage sur la faune et la flore d'un lac

Chose certaine, si on aménage un barrage à la décharge d'un lac, on empêche le déplacement des poissons. On doit libérer les poissons, qui restent emprisonnés au pied du barrage, en y aménageant une passe migratoire. Nous discutons, d'ailleurs, de ce sujet un peu plus loin dans cet ouvrage.

Lorsqu'on élève le niveau d'un lac, la nappe liquide peut, dans certains cas, inonder une grande étendue de terrain. L'eau devient plus acide, suite à une décomposition intense des plantes terrestres et des arbres inondés qui meurent. Cependant, si l'acidité n'augmente pas trop, la quantité de nourriture s'accroît et le poisson grossit rapidement.

Lorsqu'on augmente le niveau, il y a possibilité que les lieux de frai soient déplacés. La coloration de l'eau peut également être affectée: elle passe souvent d'une coloration claire à une coloration plus foncée.

Avant d'inonder, il est préférable d'enlever les arbres pour les empêcher de mourir sur place. On conseille d'élever le niveau lentement, surtout si le débit des tributaires est faible. Certains arbres à sève acide peuvent abaisser le pH du milieu aquatique, au point de faire mourir le poisson.

Un barrage a quand même ses bons côtés; en plus de contrôler la migration d'espèces de poissons indésirables par la décharge, comme les perchaudes et les meuniers, il peut servir à protéger la végétation aquatique contre l'action dévastatrice des glaces. La chute, créée artificiellement à la décharge du barrage, peut être utilisée pour l'aménagement d'une turbine. Si le lac est mal oxygéné, cette force permet à une pompe circulatrice ou un compresseur de combler cette lacune.

Lorsqu'on élève le niveau d'un lac à pentes peu escarpées, il est possible que des problèmes de réchauffement d'eaux surviennent. Au lieu d'améliorer l'état de vie du poisson, on peut l'empirer.

En résumé, il ne faut pas construire des barrages pour le plaisir de le faire. La hauteur à laquelle les eaux d'un lac peuvent être élevées dépend de la topographie de l'environnement.

II — Autres moyens pour refroidir les eaux

On y déverse, par gravité, des eaux froides provenant de sources ou du fond d'un lac avoisinant. Cette technique ne doit donc pas être considérée comme une méthode générale de correction de la température. S'il y a de l'électricité, on peut alimenter un lac à l'aide de puits artésiens.

Une autre technique de refroidissement des eaux consiste à planter de la végétation à larges feuilles flottantes, comme des nénuphars. Ils font de l'ombre et abaissent quelque peu la température.

On a souvent constaté que les plantes submergées, telles que l'élodée du Canada, maintenaient une bonne fraîcheur et empêchaient le fond des eaux de se réchauffer. Ces plantes sont très envahissantes et constituent un véritable écran-protecteur contre les rayons solaires. Le dragage est souvent recommandé dans le cas des lacs à faible épaisseur d'eau. En plus de favoriser le refroidissement des eaux en augmentant les profondeurs, on en extrait la sédimentation. Si le lac est étroit, la plantation d'arbres sur la rive sud peut contribuer à maintenir l'eau froide.

E) RÉCHAUFFEMENT DES EAUX

Même si les Salmonidés préfèrent les eaux froides, il ne faut pas exagérer la situation. Si l'eau ne dépasse jamais les 50°F, ou 10°C, la croissance d'un poisson comme l'omble de fontaine, est lente. Il est préférable que l'eau puisse atteindre, de temps en temps, des températures variant entre 60°F ou 16°C, et 65°F ou 18°C. On peut réchauffer les eaux en agrandissant la ligne de rivage. Dans bien des cas, il suffit d'élever le niveau d'un lac de trois à quatre pieds, ou d'un mètre, pour en doubler la superficie et permettre à l'action du soleil de réchauffer plus rapidement la zone littorale.

Durant la saison estivale, il est possible de réchauffer les eaux en syphonnant ou en pompant les eaux froides du fond. Dans un lac artificiel, il est facile de changer l'eau du fond par l'appareil de vidange.

Lorsqu'on déboise les abords d'un lac ou d'un cours d'eau, il faut être extrêmement prudent, pour ne pas causer d'érosion et réduire la nourriture. On peut, par faucardage ou par utilisation de moyens chimiques, diminuer les plantes flottantes et émergées. On réchauffe un milieu aquatique en y dirigeant l'eau chaude provenant de la décharge d'un lac avoisinant. De plus, si elle est foncée, la masse d'eau se réchauffe plus rapidement. Si l'eau froide est claire, on y ajoute des engrais fertilisants, organiques ou inorganiques. De tels engrais favorisent la croissance de certains végétaux à chlorophylle, qui donnent une coloration verte à l'eau. Il faut être prudent avant de recourir aux engrais. Pour les lacs acides, l'emploi d'engrais donne des résultats peu concluants. Il sont supérieurs dans les lacs alcalins, peu profonds et boueux.

Généralement, les engrais sont recommandés pour les lacs à achigans ou à espèces d'eau chaude. Leur emploi dans les lacs à truites est plutôt rare.

Si l'on désire que les eaux d'un lac soient propices à l'élevage des Salmonidés, elles ne devraient pas dépasser 70°F, ou 21°C, durant les chaleurs estivales.

On ne peut terminer ce chapitre sans discuter d'un phénomène énormément important qui risque d'avoir des répercussions sur la transparence et la couleur de l'eau : l'érosion.

F) L'ÉROSION

I — Description du phénomène

Les précipitations atmosphériques entraînent, de l'atmosphère, des gaz dissous et principalement de l'azote, de l'oxygène et du gaz carbonique. Tous ces gaz sont utiles à la vie des plantes et des animaux aquatiques et terrestres. Ces précipitations se chargent également de poussières organiques, de spores, de bactéries, de virus et d'autres organismes présents dans l'air.

L'eau de ruissellement entraîne avec elle, vers les cours d'eau et les lacs, des sels minéraux, de la matière organique, sous forme de particules ou de solutions et autres éléments nutritifs des sols.

II — Effets de l'érosion

Un des premiers effets de l'érosion est l'augmentation de la turbidité. Elle s'observe facilement après une forte pluie, lorsque l'eau s'est embrouillée. Les sédiments, dont la densité est sensiblement plus lourde que celle de l'eau, vont se déposer graduellement, à mesure que la force du courant va diminuer et que la végétation et les aspérités des roches ou des débris les arrêtent sur leur passage. Ces dépôts de sédiments tendent à remplir les bassins des lacs à une vitesse souvent surprenante.

Ces dépôts, qui s'accumulent graduellement, peuvent contribuer à la destruction de l'habitat des lacs et des rivières. Ces substances, en suspension dans l'eau, diminuent la pénétration de la lumière, indispensable à la croissance des plantes à chlorophylle et du développement des micro-organismes. La sédimentation peut aussi détruire les frayères en les recouvrant de boue.

La productivité d'une masse d'eau peut être grandement affectée par le phénomène d'érosion; il est donc important de la contrôler.

Quant aux différentes formes d'érosion, elles varient avec la nature et les accidents du sol de chaque région. Son action dévastatrice se produit, dans la plupart des bassins hydrographiques, sur les rives et le fond des tributaires. Dans les lacs, c'est surtout au fond des baies et des rives qu'on note ses effets.

III — Contrôle

L'une des meilleures techniques pour contrôler l'érosion, c'est le reboisement. On empêche un sol d'être détérioré par l'eau ou par le vent, en y semant, par exemple, de la graine mélangée de trèfle et de mil. Ce mélange pousse rapidement et permet au sol de demeurer en place. On peut y planter également des arbres ou des arbrisseaux, qui fixent le sol.

On a recours régulièrement à des moyens artificiels, tels que des pierres ou des pièces de bois. Ils retiennent le sol et l'empêchent d'être emporté par l'eau ou par le vent.

Types d'aération

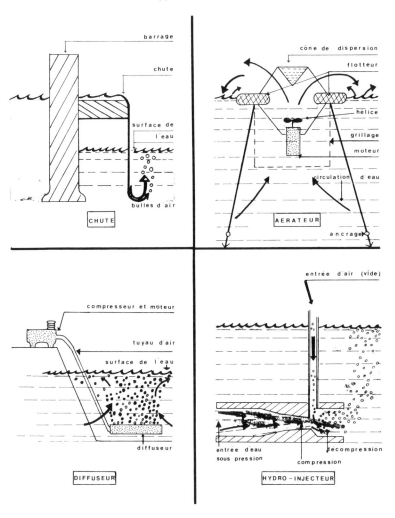

Croquis 4-1

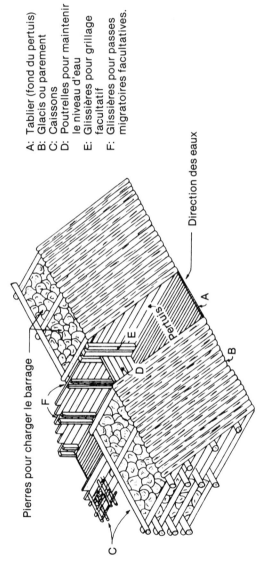

BARRAGE À CAISSONS

A: Tablier (fond du pertuis)
B: Glacis ou parement
C: Caissons
D: Poutrelles pour maintenir le niveau d'eau
E: Glissières pour grillage facultatif
F: Glissières pour passes migratoires facultatives.

Pierres pour charger le barrage

Direction des eaux

Pertuis

Croquis 4-2

Fig. 4-1 — Oxygénation de l'eau par brassage, à l'aide d'un aérateur.

Fig. 4-2 — Effet de l'introduction d'air dans la masse d'eau, à l'aide d'un diffuseur.

109

Fig. 4-3 — Aménagement d'un nouveau tributaire.

Fig. 4-4 — Drainage de sources à l'aide de drains agricoles.

Fig. 4-5 — Dévasement d'un petit lac, à l'aide d'un bulldozer.

Fig. 4-6 — Barrage forestier, vu de face.

Fig. 4-7 — *Barrage forestier, vu d'arrière.*

Fig. 4-8 — *Barrage en béton.*

112

Fig. 4-9 — Barrage de castors.

Fig. 4-10 — Contrôle de l'érosion, à l'aide de pierres et de pièces de bois.

113

Chapitre V

AMÉLIORATION BIOLOGIQUE
DES EAUX PISCICOLES

A) RECENSEMENT DE PÊCHE

Avant d'appliquer différents modes d'aménagement, il est primordial de posséder des renseignements sur les captures quotidiennes.

Le pêcheur doit collaborer à l'inscription de telles données. Une fois sa partie de pêche terminée, il doit se faire un devoir de remplir une fiche, où il inscrit les espèces de poissons capturés, le nombre, leur longueur et leur poids. D'autres renseignements sont ajoutés, tels que le nombre d'heures de pêche et les leurres utilisés. Il est facile, par la suite, de déterminer le nombre de captures à l'heure par pêcheur. Il est aussi possible de vérifier annuellement, si la population piscicole est à la hausse ou à la baisse, et si la taille ou le poids des poissons augmente ou diminue.

Supposons que les captures enregistrées ne sont que de petits Salmonidés d'environ six pouces, ou quinze centimètres, et qu'une telle situation persiste d'année en année. Le problème peut possiblement être solutionné, en diminuant l'effort de pêche, pour donner la chance aux poissons de grossir. Si, au contraire, le pêcheur capture uniquement de grosses prises, disons d'environ deux livres, ou d'un kilogramme, et que l'effort de pêche est normal, il est possible que le problème se pose au niveau de la reproduction.

Une masse d'eau bien équilibrée au point de vue biologique contient des poissons de différentes longueurs.

B) TECHNIQUES POUR AUGMENTER LA CROISSANCE DES SALMONIDÉS

L'un des principes de base à respecter pour augmenter la nourriture naturelle dans une nappe d'eau est d'introduire différents organismes vivants, et matériaux susceptibles d'augmenter la surface et de faciliter le développement de nourriture vivante.

I — Ensemencement de végétaux ou d'animaux

Il est possible d'ensemencer certaines plantes, susceptibles de nourrir et d'abriter des invertébrés. Ce genre d'ensemencement peut se faire à l'aide de graines. S'il s'agit de plantes adultes, on fixe un poids au spécimen pour le tenir au fond. Il s'enracine très rapidement.

Le poisson, à son tour, s'alimente d'animalcules abrités par ces plantes.

Une seconde façon de favoriser la croissance des Salmonidés consiste à introduire dans la nappe d'eau certains invertébrés ou poissons-appâts. Ils constituent une réserve de nourriture intéressante et un lien écologique entre le microplancton et le poisson. Ce genre d'aménagement ne peut être effectué que par des biologistes, avec la permission du gouvernement (M.L.C.P.). Beaucoup trop de lacs à Salmonidés ont été contaminés par l'introduction d'espèces de poissons indésirables, tels que le meunier et la perchaude.

II — Création d'abris artificiels

Des fagots de branches, attachés par le centre et fixés à une pesée, sont placés au fond des lacs et des cours d'eau. Il arrive même d'y ancrer des cages en bois. On peut jeter, çà et là, dans la nappe d'eau, des arbres demeurés attachés par le tronc. Le poisson recherche ces lieux, où il trouve nourriture et abris à la fois.

Ces refuges ont donc l'avantage de concentrer le poisson à un endroit, dont profite le pêcheur. De telles méthodes sont recommandées dans les lacs pauvres ou oligotrophes, où les plantes et les abris naturels sont rares.

III — Aménagement dans le but d'augmenter la nourriture naturelle

a) Les engrais

On a recours quelquefois à des engrais ou à d'autres produits chimiques, comme de la chaux, pour augmenter la nourriture naturelle. Cependant, leur efficacité dans les lacs à truites est fortement discutée.

b) Variation du niveau d'eau

Nous avons expérimenté un autre moyen pour développer la nourriture naturelle. Tôt, après la fonte des neiges, en avril ou en mai, on baisse le niveau d'eau légèrement. On engraisse, si possible, la surface du terrain émergé pour que la végétation terrestre s'y développe rapidement. Un mois plus tard, on remonte l'eau à son niveau initial. Cette végétation terrestre, une fois immergée par l'eau, se décompose rapidement. Elle favorise le développement de milliers d'organismes qui servent de nourriture aux poissons.

c) Capture d'insectes

Il est possible en été, d'augmenter la nourriture naturelle du poisson en plaçant au-dessus de l'eau des cages illuminées. Les insectes, attirés par la lumière, sont emprisonnés, se brûlent et tombent à l'eau. Certains les électrocutent.

D'autres placent un morceau de viande sur un radeau, muni d'un trou grillagé. Les insectes viennent pondre sur cette pièce de nourriture. Les larves s'y développent, tombent à l'eau et sont dévorées par les Salmonidés. Toutefois, ces techniques sont à conseiller, surtout dans les petits lacs.

IV — Comment augmenter la croissance du poisson sans accroître la nourriture naturelle

Même si cela semble illogique, il est possible d'atteindre ce but.

Une première façon consiste à diminuer les migrations de poissons, par les émissaires ou décharges. Si on obstrue la décharge par un grillage, des pierres, des arbres ou un barrage, l'accès au lac est plus difficile pour les Salmonidés en montaison. De cette façon, la population augmente moins.

Pour diminuer une population et conserver des spécimens vigoureux et forts, il ne faut pas effectuer un contrôle trop rigide des prédateurs, dont le rôle est surtout d'éliminer les poissons malades ou infirmes.

Une dernière façon consiste à obstruer certaines frayères et pratiquer la pêche intensive. Faute de reproduction, et avec une diminution de la population, il y a plus de nourriture disponible pour les occupants.

V — La nourriture artificielle

Les Salmonidés peuvent être nourris soit avec des aliments artificiels, tels que granulés, ou des abats d'animaux. On leur donne souvent du poisson haché provenant d'eaux douces ou salées. Il est facile de distribuer la nourriture, à la main. Il existe sur le marché différentes sortes de distributrices automatiques. Elles peuvent fonctionner à l'électricité ou par le vent, avec des piles électriques ou un système d'horlogerie, par le mouvement de la vague ou tout simplement à l'eau. D'autres sont activées par le poisson qui, en touchant une tige métallique, fait libérer des granulés.

En plus d'améliorer la quantité de nourriture dans un lac, il est possible de modifier une population par l'élimination d'espèces indésirables.

C) CONTROLE D'ESPÈCES DE POISSONS INDÉSIRABLES

Ils peuvent être capturés à l'aide d'engins de pêche, tels que trappes, verveux, filets, seines, pêche électrique, etc... On s'efforce ainsi de diminuer la population. Notons cependant que ce travail est la plupart du temps à recommencer et inefficace.

Il est possible d'utiliser des piscicides. Il existe plusieurs sortes de produits pour détruire les espèces indésirables. La roténone qui n'est pas un poison en est un bien connu et couramment utilisé. Il est biodégradable. Tous ces produits doivent être manipulés par des spécialistes, avec une extrême prudence. Toutefois, lorsque c'est possible de régler le problème autrement, il est préférable de le faire.

Certains produits gardent leur toxicité durant quelques jours seulement; d'autres, pendant des mois. Un empoisonnement total oblige son propriétaire à ensemencer son lac à nouveau et à recommencer à neuf. Dans certains cas, les résultats obtenus sont excellents, dans d'autres, il sont presque nuls.

D) CONTRÔLE D'UNE VÉGÉTATION AQUATIQUE TROP ABONDANTE

On réussit à contrôler une végétation aquatique trop abondante de bien des façons. En voici quelques-unes:

I — Moyens mécaniques

On vide le lac, si c'est possible, et on laisse sécher la végétation pendant environ une quinzaine de jours. On la ramasse, par la suite, avec des râteaux ou en employant des béliers mécaniques. On en profite souvent pour dévaser le milieu aquatique, si on juge l'opération nécessaire.

Si, pour une raison ou pour une autre, il est impossible de le vider, on peut recourir à plusieurs autres moyens. On emploie souvent des seines ou des filets. On peut utiliser des râteaux, des fourches, des faux et même de la broche barbelée. Les râteaux sont surtout employés pour recueillir les plantes fixées au fond des lacs; il en est de même pour les broches barbelées, qu'on traîne sur le fond. Les plantes s'enroulent autour de cet appareil peu compliqué. (Schaperclaus, W., 1962).

Il existe même des faucheuses sous-marines. Ces instruments sont traînés derrière une chaloupe. Les végétaux sont coupés et recueillis à la surface de l'eau.

On conseille de couper les plantes avant la floraison, pour les empêcher le plus possible de se reproduire.

II — Moyens biologiques

Ici on fait appel aux animaux pour contrôler la végétation. Pourquoi détruire les plantes aquatiques en les laissant pourrir ou en les brûlant, lorsqu'il est possible de les employer avantageusement! Au Québec, il y a eu malheureusement très peu d'expériences dans ce domaine. Des observations nous ont, toutefois, permis de constater que les canards domestiques peuvent consommer certains végétaux aquatiques et contrôler ainsi leur croissance.

Actuellement, dans plusieurs pays, on se sert de poissons herbivores, de mammifères, de cygnes, de mollusques, d'insectes et même de crustacés pour contrôler les végétaux. Des animaux aquatiques qui se nourrissent de plantes pourraient être ensemencés dans nos lacs riches en végétation. Certaines espèces pourraient constituer une nourriture appréciable pour la truite et d'autres Salmonidés, tels que les ombles et le saumon.

III — Moyens chimiques

Si on fait appel aux produits chimiques, il faut procéder avec beaucoup de précautions. En agissant aveuglément, on subit des pertes de poissons souvent très coûteuses.

Il existe des centaines de sortes d'herbicides. Certains déshydratent les cellules des plantes. D'autres empêchent leur multiplication cellulaire. Ceux, à base d'hormones, déséquilibrent leur croissance. Les concentrations employées varient suivant la sorte d'herbicide et l'espèce de plante à contrôler.

Pour détruire la végétation avec des produits chimiques, on doit se munir d'un permis spécial du Ministère de l'Environnement du Québec.

E) REPEUPLEMENT DES EAUX

I — Moyens naturels pour favoriser le repeuplement d'un lac ou d'un cours d'eau

a) Les frayères

Les frayères assurent la reproduction des espèces piscicoles. De leurs conditions dépend l'efficacité du frai.

1) Qualités

Une bonne frayère à Salmonidés est formée d'un lit de gravier propre, sauf de pierres pour le touladi. Sa profondeur peut varier considérablement. Une frayère, avec une épaisseur d'eau de six pouces, ou de quinze centimètres, peut s'avérer aussi efficace qu'une de trois à six pieds, ou d'un à deux mètres environ. Ce qui importe avant tout, c'est que les oeufs se développent dans un milieu suffisamment oxygéné, pour qu'ils puissent arriver à l'éclosion et qu'ils soient protégés des prédateurs et des rayons solaires.

Si, par exemple, le cours d'eau gèle jusqu'au fond, dites adieu à la progéniture. Un produit toxique, à base de chlore ou de cuivre déversé accidentellement dans le cours d'eau, entraîne des conséquences identiques. Des matières en suspension trop abondantes, entraînées par les vagues ou les courants, peuvent recouvrir les oeufs de façon nuisible. Le brassement des eaux, causé par des embarcations à moteur, peut détruire complètement les frayères.

Dans les frayères à forte sédimentation, le taux de reproduction des Salmonidés est faible; par contre, il est élevé dans les lacs à fond de gravier.

2) Emplacement

S'il s'agit d'un lac à ombles de fontaine, on retrouve leurs frayères surtout dans les tributaires ou les charges. Dans certains cas, cet omble se reproduit aux décharges du lac ou directement dans l'émissaire. Le touladi fraie le long des battures des lacs, exposées aux vents dominants. Exceptionnellement, dans le sud, ce poisson se reproduit dans les tributaires.

3) Aménagement

Si les lieux de frai sont détruits, il est possible d'en aménager d'autres. Une première façon consiste à étendre une couche de gravier dans un endroit accessible où l'eau oxygénée peut circuler et où on rencontre toutes les autres conditions essentielles.

On peut y parvenir en construisant une simple boîte avec des côtés de six à dix pouces, ou de quinze à vingt-cinq centimètres de hauteur. Le fond de ce contenant est constitué d'un grillage, dont le rôle est de retenir un gravier propre. Dans les côtés et les bouts de la boîte, on pratique des ouvertures. Ces fenêtres servent à établir une circulation d'eau efficace à l'intérieur. De cette façon, les oeufs, déposés par les Salmonidés, sont bien aérés. Lorsque la chose est possible, il est préférable de nettoyer une frayère envasée.

b) Les migrations naturelles

Pour renouveler l'espèce, la reproduction est importante. Cependant, il ne faut pas omettre les migrations.

Si le poisson ne peut se rendre à ses lieux de reproduction, il faut lui faciliter la tâche en nettoyant le cours d'eau. Les barrages de castors peuvent, dans certains cas, causer des problèmes majeurs en nuisant aux migrations de la truite.

II — Moyens artificiels pour favoriser le repeuplement des eaux

Pour qu'une espèce de poisson se développe sans problème, elle doit pouvoir circuler librement. Elle se déplace soit pour se nourrir, se reproduire, se trouver des abris ou pour découvrir un milieu favorable à sa survie: eau oxygénée, température adéquate, etc...

Si le poisson arrive à une impasse, il n'a malheureusement pas l'idée de rebrousser chemin. Prenons le cas d'un Salmonidé face à une chute; il essaie de l'escalader, souvent au risque de s'épuiser, en sautant le plus haut possible.

En étant emprisonné dans ce genre de labyrinthe, le poisson est facilement victime du braconnage. Les prédateurs humains et animaux ont la tâche facile et peuvent en profiter.

a) Les passe-migratoires

1) Les passes rustiques

Méfiez-vous... peut-être les qualifie-t-on de rustiques, mais dans bien des cas elles sont préférables aux modernes. Elles se rapprochent du milieu naturel recherché par les poissons et leur rendement est souvent supérieur à une jolie passe en fibre de verre. Leur principe de fonctionnement consiste à réduire la vitesse du courant, en le forçant à changer de direction, soit verticalement, soit horizontalement.

On aménage en pente, la plus douce possible, un fossé qui contourne un obstacle infranchissable par le poisson.

Lorsque le fossé en question est pratiqué dans le roc, on laisse des pierres, ici et là, pour freiner le courant d'eau et diminuer sa vitesse.

Si le canal à construire est long, il est préférable d'aménager des bassins de repos à tous les quarante à cinquante pieds, ou douze à quinze mètres. Le poisson peut se reposer dans ces minuscules étangs. Ce genre de passe est facilement aménageable pour surmonter les obstacles de faible élévation, inférieure à six pieds, ou deux mètres par exemple.

Si l'obstacle à franchir est un barrage à déversoir, il est souvent possible de transformer cette sortie d'eau en passe rustique. Au fond du déversoir, on fixe des madriers ou des pièces de béton armé. On les place perpendiculairement au courant. La vitesse en est, par le fait même, diminuée et le poisson peut escalader ce rapide plus facilement.

Les passes rustiques ont l'avantage d'être faciles à fabriquer et sont peu coûteuses à réaliser. Toutefois, si la pente du barrage est forte, leur efficacité est, par le fait même, diminuée et on doit recourir à un autre moyen pour faciliter les migrations du poisson.

2) Les passes à pentes régulières et à vitesse moyenne

Le type «Denil» caractérise ce genre de passe . Il comporte une série de cloisons placées au fond du canal et sur les côtés. Les murs sont droits ou inclinés face au courant, à 45° avec le plancher de la passe. La distance qui sépare les cloisons peut varier grandement d'une passe à l'autre.

Des déflecteurs placés au fond et sur les côtés de la passe dissipent très bien l'énergie du courant et maintiennent, par le fait même, une vitesse d'écoulement assez faible. Le poisson monte dans la passe en ligne droite. L'avantage de la passe «Denil» est de permettre au poisson d'escalader une pente assez élevée sur un trajet passablement court. Suivant le débit d'eau qui alimente la passe et l'espèce de poisson qui y a accès, sa pente peut varier entre douze et vingt pieds,ou entre quatre à six mètres environ, pour cent pieds, ou trente mètres de longueur.

Pour opérer ce type de passe, le débit doit quand même être assez élevé.

Cette passe est assez dispendieuse, autant dans sa réalisation que pour son entretien. Les déflecteurs nombreux, que contient cette passe, exigent beaucoup de soins. Si la dénivellation à franchir a plus de cinquante pieds, ou quinze mètres, le poisson se fatigue rapidement. La solution idéale est de construire des bassins de repos.

3) Les passes à bassins successifs et à cloisons

La plupart des passe-migratoires entrent dans cette catégorie. Pour ce genre «d'échelle à poissons», la dénivellation de l'eau s'effectue au niveau des cloisons, soit en surface, soit sur le fond ou encore dans toute l'épaisseur de l'eau.

On classifie trois sortes de passes dans cette catégorie:

— les passes à seuils ou cloisons déversantes;

— les passes avec orifices simples et à la Borda;

— les passes avec fentes verticales de haut en bas, ou à chicanes.

126

Les passes à seuils déversants sont, sans contre-dit, les plus répandues, tant au Québec que dans le monde entier. Cette passe-migratoire possède une série de bassins successifs, suffisamment grands et séparés par des cloisons, où il y a, la plupart du temps, des ouvertures ou encoches en partie supérieure de chaque mur.

Cette ouverture est située au centre de chaque cloison ou sur les côtés. Dans certains cas, les ouvertures sont en ligne droite, c'est-à-dire situées uniquement sur un côté de la passe; dans d'autres, les ouvertures alternent à chaque cloison.

Lorsqu'on construit une passe-migratoire, on doit tenir compte de la pente, suivant l'espèce de poisson qui l'emprunte. Si on doit construire une passe à seuils pour la truite, il faut par exemple, pour un pied de pente, ou trente centimètres, un minimum de quatre pieds, ou de 1.2 mètre en longueur. La longueur de chaque casier varie entre quatre et sept pieds, ou 1.2 à 2.1 mètres, en moyenne.

Pour diminuer davantage la vitesse du courant, certaines passes possèdent des murs verticaux en équerre. Ces parois freinent sa vitesse plus qu'un mur droit.

À la base de chaque cloison, on pratique deux petites ouvertures pour permettre l'auto-nettoyage de la passe. Les passes à seuils sont avantageuses à aménager aux endroits où les niveaux d'eau varient très peu.

Leur construction est assez facile. Cependant, on ne peut leur donner une pente très forte. Si l'obstacle à franchir est très élevé, il est nécessaire de construire une passe longue et, par le fait même, dispendieuse à réaliser.

Si le niveau d'eau augmente fortement durant les crues, la pression, à la sortie de la passe, augmente et le poisson a beaucoup de difficulté à l'escalader. On croit, toutefois, que ce genre de passe est appelé à demeurer populaire, car sa réalisation et ses principes de fonctionnement sont peu compliqués. Le premier principe est basé sur l'instinct de certains poissons à sauter par-dessus un obstacle pour le vaincre. C'est le cas de la petite chute à escalader à chaque cloison. Le second est d'ordre hydraulique: chaque cloison a pour rôle de diminuer la vitesse du courant.

4) Les passes à orifices simples

Ces passes se rapprochent quelque peu de celles à seuils déversants. La différence fondamentale entre les deux est la suivante: pour les passes à orifices, l'eau circule par une ouverture pratiquée au fond de chaque cloison alors que pour les passes à seuils, l'eau passe par-dessus des cloisons. Ces passes sont, quand même, assez avantageuses au point de vue hydraulique. Elles sont supérieures aux passes à seuils pour des niveaux d'eau variables.

5) Les passes à orifices à la Borda

Si le jet n'est pas dirigé contre les côtés de la passe, ce système donne un assez bon rendement. Les cloisons de cette passe sont fabriquées pour freiner le plus possible la vitesse du courant. Les orifices sont semblables à un cône, dont le petit bout est orienté face au courant.

L'eau pénètre dans le cône par le bout le plus étroit. Ainsi, la pression diminue à mesure que l'eau se dirige vers la sortie élargie du cône. Puisque le poisson circule à sens inverse, il n'a pas à lutter contre une forte pression.

6) Les passes à fentes verticales de haut en bas ou à chicanes

Ces passes possèdent une ou deux fentes symétriques et verticales, de haut en bas, sur les côtés de chaque cloison pour laisser passer le poisson. Ces passes sont surtout recommandées pour les lacs ou les cours d'eau à fortes variations de débit. Leur construction est, toutefois, assez compliquée.

7) Éfficacité d'une passe-migratoire

Il existe des normes à suivre si on désire qu'une passe-migratoire soit efficace. Il est d'abord important et primordial que l'appel ou l'entrée de la passe débouche à un endroit où la turbulence est au maximum. Le volume d'eau à l'entrée de la passe doit être suffisamment important. La vitesse du courant a également de l'importance. Pour les Salmonidés, la vitesse de l'eau à l'intérieur de la passe ne devrait pas dépasser cinq pieds, ou un mètre et demi à la seconde.

Nombreuses sont les passe-migratoires parfaites au point de vue hydraulique, mais à peu près nulles au point de vue biologique. Peu de poissons les empruntent, parce que l'appel n'est pas placé où ils cherchent une issue.

Lorsqu'une passe-migratoire est réalisée, il faut quelqu'un pour la vérifier, au moins après chaque crue, et l'entretenir. En hiver, il est préférable qu'elle ne fonctionne pas, à cause de la glace.

b) Les ensemencements

1) Provenance des truites d'ensemencement

Ce sont, la plupart du temps, des poissons élevés dans des établissements piscicoles. Il arrive aussi d'ensemencer une nappe d'eau avec de la truite indigène, originant d'un lac ou d'un cours d'eau voisin. Cette méthode donne de bons résultats, surtout lorsque les eaux avoisinantes sont surpeuplées. De cette façon, on ensemence des eaux pauvres et on favorise la croissance des truites des milieux à forte population. Tout ensemencement ne peut être réalisé sans posséder, au préalable, un permis du Gouvernement du Québec. (M.L.C.P.)

Certains sportifs élèvent eux-mêmes leurs truites. Ils fabriquent, près du lac à ensemencer, des bassins d'élevage. D'autres font appel aux parcs flottants; ils élèvent les truites dans le lac même, en les plaçant dans des cages en filet. Cependant, on ne peut recommander ce mode d'élevage en hiver. De plus, avec ce type d'élevage, il faut éviter l'accumulation excessive d'excréments sur le fond des étendues d'eau stagnantes.

Pour élever des truites en captivité, il faut détenir un permis du Gouvernement du Québec émis par le Ministère du

Loisir, Chasse et Pêche (M.L.C.P.). Si les conditions sont bonnes, des poissons de deux pouces (4.5 centimètres) au printemps peuvent atteindre et même dépasser les six pouces, ou les quinze centimètres de longueur à l'automne.

Lorsque c'est possible, il est préférable de continuer l'élevage jusqu'en mai et d'effectuer l'ensemencement vers la fin du printemps. La nourriture étant très abondante dans les lacs, à ce temps de l'année, c'est plus facile pour le poisson de s'acclimater à ce nouveau milieu. Tout ensemencement devrait être réalisé seulement après l'inspection du milieu aquatique par un biologiste.

2) Avantage des ensemencements

Un ensemencement effectué scientifiquement peut être très efficace. Cependant, s'il est réalisé aveuglément, les résultats peuvent être nuls et même néfastes. Si par exemple, on ensemence du jeune poisson dans un lac, il est important, pour prévenir le canibalisme, de le placer dans des lieux bien abrités tout le tour du lac.

Certains ensemencements ont donné et donnent encore de bons résultats. Les truites ont grossi rapidement; leur reproduction a également été très bonne. Il est faux d'affirmer catégoriquement qu'une truite de pisciculture, ensemencée dans un lac naturel, ne peut se reproduire; tout dépend de l'état du milieu écologique où le poisson est ensemencé.

Il y a plus de dix ans, nous avons ensemencé un lac vierge avec des fretins d'ombles de fontaine de trois à quatre pouces, ou de sept et demi à dix centimètres de longueur. Depuis ce temps, ce lac fourmille en poissons de toutes les grosseurs et les frayères sont fréquentées à chaque année.

3) Inconvénients des ensemencements

Dans le passé, certaines eaux, où la truite était en très bonne santé, ont été contaminées par des poissons malades, provenant de centres de pisciculture ou d'autres milieux.

Certains ensemencements effectués, surtout en automne, se sont avérés nuls. Les poissons ont été asphyxiés durant l'hiver, parce que les eaux ne convenaient pas aux poissons pendant cette saison.

D'autres spécimens, ensemencés à une trop petite taille, n'ont que contribué à alimenter les espèces indigènes, qui les ont croqués à belles dents.

RECENSEMENT DE PÊCHE

Nom du lac ou du cours d'eau _____

Nom du pêcheur _____

Date _____

SORTE DE POISSONS	NOMBRE	LONGUEUR (en pouce ou en centimètre)	EFFORT DE PÊCHE (HEURE PAR PÊCHEUR)	LEURRE DE PÊCHE

REMARQUES (maladies, etc.)

Croquis 5-1

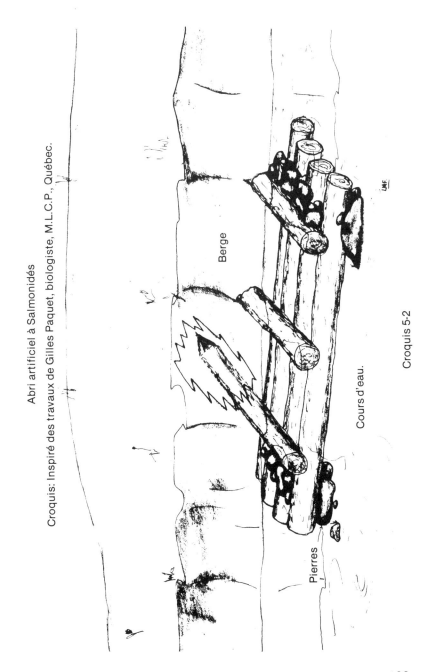

Abri artificiel à Salmonidés

Croquis: Inspiré des travaux de Gilles Paquet, biologiste, M.L.C.P., Québec.

Berge

Cours d'eau.

Pierres

Croquis 5-2

133

Barrage en bois utilisé pour l'aménagement d'un cours d'eau
(Croquis : Alain Fortin, technicien)
Croquis inspiré des travaux de Gilles Paquet, biologiste, M.L.C.P., Québec

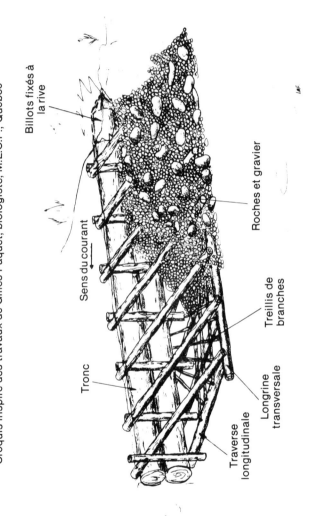

Billots fixés à la rive

Sens du courant

Tronc

Roches et gravier

Treillis de branches

Longrine transversale

Traverse longitudinale

Croquis 5-3

DIFFÉRENTES FAÇONS D'AMÉNAGER UN COURS D'EAU À TRUITES

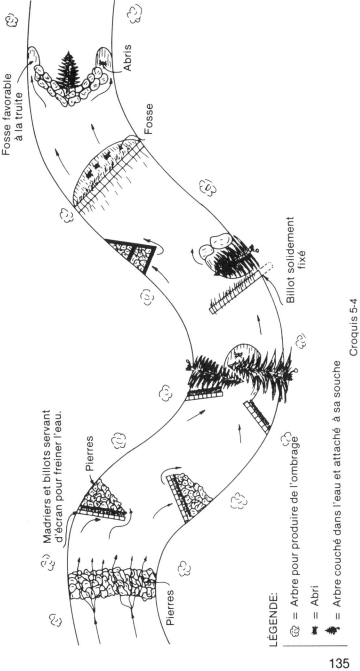

Fosse favorable à la truite

Abris

Fosse

Billot solidement fixé

Madriers et billots servant d'écran pour freiner l'eau.

Pierres

Pierres

LÉGENDE:

= Arbre pour produire de l'ombrage

= Abri

= Arbre couché dans l'eau et attaché à sa souche

Croquis 5-4

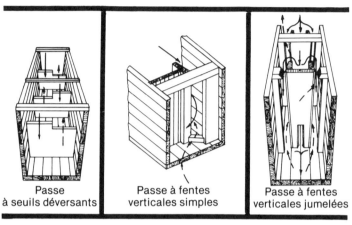

| Passe à seuils déversants | Passe à fentes verticales simples | Passe à fentes verticales jumelées |

LÉGENDE:

──────────► : Direction du courant ─ ─► ─ ─► : Direction du poisson

(Inspiré de Clay C. 1961, Gouvernement Fédéral, Canada)

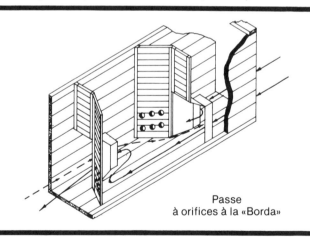

Passe
à orifices à la «Borda»

(Inspiré des travaux de R. Nadeau, Ing. et B. Michel, Ing., M.L.C.P., Québec).

Croquis 5-5

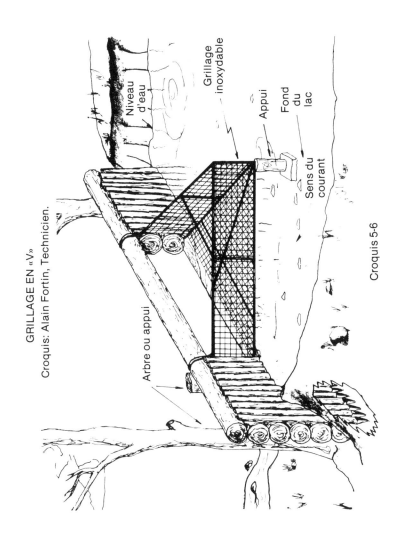

GRILLAGE EN «V»
Croquis: Alain Fortin, Technicien.

Niveau d'eau

Grillage inoxydable

Appui

Fond du lac

Sens du courant

Arbre ou appui

Croquis 5-6

Fig. 5-1 — *Cours d'eau aménagé dans le but de favoriser le développement des Salmonidés (Travaux de Gilles Paquet, biologiste, M.L.C.P., Québec).*

Fig. 5-2 — *Fosse à truites aménagée naturellement.*

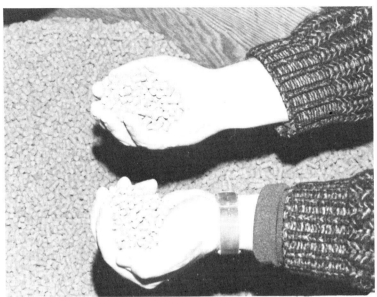

Fig. 5-3 — *Nourriture artificielle à Salmonidés sous forme de comprimés (Photographie: Alain Fortin, Technicien).*

Fig. 5-4 — *Contrôle de la végétation mécaniquement.*

Fig. 5-5 — Passe-migratoire à seuils déversants.

Fig. 5-6 — Passe-migratoire à orifices à la Borda.

Fig. 5-7 — *Grillage en «V» aménagé dans le but de prévenir la fuite des Salmonidés.*

Chapitre VI

QUELQUES NOTIONS DE SALMONICULTURE

La salmoniculture est l'art d'élever des Salmonidés et de les multiplier. C'est une science complexe; elle exige un certain apprentissage. Il est impossible de devenir expert pisciculteur du jour au lendemain.

A) L'ASPECT LÉGAL

Lorsqu'on garde du poisson en captivité, on doit posséder un permis du Gouvernement du Québec, émis par le Ministère du Loisir, Chasse et Pêche. Toutefois, d'autres ministères sont consultés avant l'émission du permis; c'est le cas de l'Agriculture, des Pêcheries et de l'Alimentation, ainsi que de l'Environnement.

B) LE SITE D'UN CENTRE DE PISCICULTURE

I — L'eau

Si vous désirez entreprendre sérieusement l'élevage des Salmonidés, une eau de qualité, en quantité abondante, est nécessaire.

a) Qualité

Un pH entre 6.6 et 7.6 est considéré comme très acceptable. L'eau doit demeurer froide et bien oxygénée. Elle ne devrait pas dépasser les 70°F, ou 21°C durant la saison estivale, surtout pour l'omble de fontaine. On constate cependant, que la truite arc-en-ciel résiste mieux que sa congénère à une température élevée.

Il est important de vérifier l'origine de l'eau. Si elle prend source près d'une route, où il y a déversement de sels de calcium en hiver, des problèmes peuvent survenir. Il en est de même pour les eaux où il y a épandage d'insecticides ou d'herbicides.

On doit se méfier des eaux provenant de terres en culture, où l'enrichissement des sols est effectué à l'aide d'engrais chimiques.

L'eau doit être propre; il est important d'en vérifier la couleur, l'odeur et même le goût.

En résumé, une analyse complète du liquide au point de vue chimique, physique et biologique doit être effectuée par un spécialiste du domaine.

b) Quantité

Si vous désirez élever une quantité appréciable de Salmonidés, un fort débit d'eau est primordial. Il est, quelquefois, possible de combler un manque d'eau en creusant des puits artésiens ou en employant des pompes pour recirculer l'eau déjà utilisée.

On n'encourage pas l'implantation d'un centre de pisciculture alimenté par moins de cinq cents gallons d'eau par minute, ou de 2,275 litres par minutes, si cette industrie constitue l'unique source de revenu. À titre d'exemple, une entreprise, dont le débit serait de cinquante à soixante gallons d'eau par minute, ou de 227 à 272 litres par minute, s'avérerait non rentable et très marginale.

c) L'origine

Même si vous avez suffisamment d'eau de qualité, la provenance en est importante. Il est préférable de posséder la tête d'eau, sur son propre terrain. Cette situation permet d'éviter un tas de complications, dont la destruction possible de votre production.

II — Le terrain

a) La pente

Pour construire des bassins vidables, le terrain doit posséder une pente appréciable. En moyenne, pour cent pieds, ou trente-trois mètres de longueur, il faut au moins deux pieds, ou soixante centimètres d'inclinaison. Si la pente est trop prononcée, il est difficile de construire des bassins de grande dimension. Si elle est à peu près nulle, les étangs seront peu profonds et non vidables à moins d'utiliser une pompe.

b) La grandeur

Si on s'exprime en chiffres, on conseille, au départ, de posséder ou d'acheter une surface de terrain d'au moins cinq cents pieds, ou de cent cinquante mètres de largeur, par deux ou trois mille pieds, ou 610 à 915 mètres de longueur. Ainsi, si vous décidez d'aménager des étangs de pêche ou à géniteurs, vous posséderez la surface requise.

c) Le sol

Il est important que le sol soit suffisamment imperméable. S'il ne l'est pas, l'aménagement de bassins et d'étangs est toujours possible. Cependant, l'imperméabilisation peut être onéreuse.

III — Les accommodations

Il est primordial que l'électricité soit à proximité du centre de pisciculture. Il est toujours possible d'exploiter l'énergie solaire et celle du vent, d'aménager une turbine ou de s'équiper d'une génératrice; cependant, on ne peut recommander ces techniques comme source d'énergie de base mais, plutôt, comme moyen à utiliser en cas de panne.

La distance des milieux d'approvisionnement est à considérer. Si la station piscicole est trop éloignée des grands centres, l'approvisionnement risque d'être difficile et coûteux ainsi que la mise en marché.

L'état des routes, en hiver comme en été, ainsi que la distance des lieux d'habitation ne sont pas négligeables. Si le centre de pisciculture est situé à plus de mille pieds, ou de trois cent cinquante mètres des lieux habités, la surveillance est difficile. On doit envisager des possibilités de vol et de prédation de toutes sortes.

IV — Commercialisation du produit

La population du Québec consommerait en moyenne un tiers de livre, ou cent cinquante grammes de Salmonidés par personne, annuellement. En d'autres termes, une population de vingt mille habitants pourrait consommer trois tonnes de Salmonidés annuellement. Il est évident qu'il serait facile d'augmenter ce taux de consommation en faisant mieux connaître le produit.

La pêche sportive en étang constitue une source appréciable d'écoulement du produit. C'est une méthode de mise en marché intéressante, car le consommateur vient chercher le produit sur place. Actuellement, au Québec, pour les étangs reconnus par le M.L.C.P. (Ministère du Loisir, Chasse et Pêche), il est permis de capturer l'omble de fontaine et la truite arc-en-ciel, sans limite de prise, douze mois par année.

Par contre, la vente de truites de table ou de truites-portions permet d'écouler régulièrement le produit douze mois par année, sans se soucier des pêcheurs.

C) AMÉNAGEMENT D'UN CENTRE DE PISCICULTURE ET ÉLEVAGE

I — La prise d'eau

On conseille de construire une prise d'eau solide à l'abri des fortes crues et de la gelée. Elle doit être aménagée dans le but d'empêcher l'arrivée de substances indésirables, au centre de pisciculture. Il est préférable de placer un grillage solide à l'entrée d'eau, pour prévenir la fuite des Salmonidés et l'introduction d'espèces de poissons indésirables ou d'autres animaux aquatiques ou semi-aquatiques.

Si c'est possible, on conseille de posséder deux entrées d'eau. La première, pour les eaux chaudes provenant, par exemple, d'un ruisseau ou de la surface d'un lac; la seconde pour les eaux froides provenant de sources, de puits artésiens, de cours d'eau ou des profondeurs d'un lac. De cette façon, le mélange des eaux est possible. L'obtention d'une température appropriée, soit entre 55°F ou 12.8°C, et 65°F ou 18.3°C, est alors plus facile à obtenir. En cas de besoin, il y a toujours possibilité de filtrer l'eau d'entrée; cependant, il est préférable de l'éviter ou bien d'utiliser des filtres simples.

II — L'incubation

La période d'incubation est celle où le poisson se développe dans l'oeuf. Le principe de base pour permettre une bonne incubation, c'est qu'une eau oxygénée alimente toute la surface de l'oeuf.

a) Les bâtiments utilisés pour l'incubation

Il est important que les bâtiments utilisés pour l'incubation ne soient pas soumis à l'éclairage direct du soleil. Ils doivent quand même être éclairés, mais artificiellement. On recommande des planchers de béton, car ils sont faciles à nettoyer. Il est important de bien isoler ces bâtiments dans le but de prévenir tout changement brusque de température.

b) Appareils pour l'incubation

Des auges rectangulaires de quatorze à vingt-quatre pouces de largeur, ou de trente-cinq à soixante-et-un centimètres, par une longueur de huit à seize pieds, ou de 2.4 à 4.8 mètres, et une profondeur de huit à douze pouces, ou vingt à trente centimètres, sont régulièrement utilisés.

L'incubation est également réalisée dans des incubateurs verticaux. On les utilise surtout pour le développement des oeufs jusqu'à ce qu'ils soient embryonnés; ils ont l'avantage d'exiger un espace très restreint et peu d'eau.

On emploie également des seaux à incubation. C'est une chaudière en matière plastique à double fond. Les oeufs reposent sur ce double-fond perforé; ils sont alimentés en eau par un tuyau fixé à la base du récipient. Le liquide circule de bas en haut.

Dans les incubateurs rectangulaires, les oeufs sont déposés sur des grillages appelés claies d'incubation. Dans la plupart des stations piscicoles, des grillages à perforations rectangulaires sont utilisés. L'oeuf en développement repose sur les parois de chaque rectangle; à l'éclosion, le poisson passe à travers cet espace rectangulaire, car il est plus étroit que l'oeuf. Il descend dans le fond de l'auge, où il continue son développement.

Les claies sont fabriquées de façon à être introduites facilement à l'intérieur des auges. Elles ont une longueur de dix-huit à vingt-quatre pouces environ, ou de quarante-six à soixante-et-un centimètres, et une largeur leur permettant de reposer à l'intérieur des auges.

Lorsqu'il y a des oeufs sur les claies, il est important que celles-ci soient bien submergées. On place, à l'une des extrémités des claies, deux supports d'environ trois pouces, ou de 7.6 centimètres de longueur. Une petite pesée est déposée sur le cadre pour l'empêcher de flotter. Cette inclinaison des claies permet une meilleure oxygénation des oeufs.

III — Les bassins d'élevage

Il existe différentes sortes de bassins pour l'élevage des Salmonidés. Nous traiterons des bassins circulaires, rectangulaires, du genre «étang de ferme», et des silos.

a) Les bassins circulaires

Ces bassins peuvent varier considérablement en diamètre et en profondeur. L'eau entre par un tuyau situé sur le bord du bassin et sort par un drain placé au centre de ce dernier. Ce drain est entouré d'une boîte grillagée pour empêcher la fuite des truites. L'eau peut être évacuée par le fond, dans le but de permettre une meilleure élimination des déchets et des gaz toxiques.

Selon Hansen, L. (1979), ce type de bassin présente **les avantages** suivants:

La vitesse du courant permet:

— l'auto-nettoyage du bassin;

— l'activité obligatoire des poissons;

— la dispersion efficace de la nourriture;

— un meilleur taux d'oxygénation;

— une meilleure dispersion du poisson, réduisant ainsi le «stress» dû à l'entassement.

Cependant, ce type de bassin peut présenter **certains inconvénients** pour les raisons suivantes:

— la vitesse du courant entraîne une demande d'oxygène plus élevée par le poisson et un taux de conservation plus élevé;

— la pression d'eau à l'entrée doit être plus élevée que pour un bassin conventionnel;

— le poisson n'a pas le choix de la qualité d'eau du bassin.

b) Les bassins rectangulaires (Canivaux ou «race-ways»)

Dans certains centres d'élevage, on les utilise presqu'exclusivement. Ces bassins sont construits en béton, en bois ou en terre. Leur nettoyage est facile et le nourrissage du poisson se fait sans difficulté.

Leurs dimensions ne sont pas les mêmes d'un centre d'élevage à l'autre. Leur profondeur varie généralement entre deux pieds ou soixante centimètres, et quatre pieds ou 1.22 mètre, et leur largeur entre trois pieds ou un mètre, et vingt pieds ou six mètres.

Selon Hansen, L. (1979), les bassins rectangulaires présentent **les avantages** suivants:

— leur conception est facile;

151

— le changement d'eau rapide diminue le taux de produits métaboliques toxiques et permet au poisson de choisir un environnement plus intéressant;

— les substances en suspension ont le temps de précipiter;

— le fort débit d'eau permet d'élever une plus grande quantité de poissons pour un volume d'eau donné.

Cependant, de tels bassins peuvent présenter les **inconvénients** suivants:

— ils exigent un débit d'eau élevé;

— les poissons les plus faibles sont repoussés dans les parties du bassins, moins propices à l'élevage (présence de CO_2, NH_3, etc...)

c) Les bassins du genre «étang de ferme»

Ces étangs artificiels prennent différentes formes, caractérisés surtout par leur profondeur qui varie entre quatre pieds ou 1.2 mètres, et vingt pieds ou six mètres, environ.

Le fond de ces bassins est de terre. La végétation aquatique peut s'y développer partiellement et favoriser le développement de la nourriture naturelle.

Le nouveau pisciculteur a souvent de la difficulté à nourrir son poisson. Cette nourriture naturelle joue, dans ces circonstances, un rôle précieux.

Autre avantage: on n'a pas besoin de nettoyer ces bassins régulièrement; conséquemment, on évite du travail et on économise en main-d'oeuvre. Le pisciculteur se contente tout simplement de nourrir le poisson.

Toutefois, l'élevage en étang peut entraîner certains inconvénients à la récolte. Les truites capturées sont souvent de longueur inégale à cause de la superficie du bassin, car il est difficile de nourrir tout le cheptel. De plus, le contrôle sur le poisson est restreint. Souvent, il se développe dans ces petits lacs une forte végétation aquatique; certaines plantes peuvent devenir envahissantes et entraîner des difficultés, au moment de la capture du poisson à la seine.

Il est à noter que les grands lacs artificiels servent avant tout pour la pêche et non pour l'élevage, à cause de l'énorme perte d'énergie par le poisson. Pour cette raison, on conseille l'élevage dans des étangs, dont la superficie ne dépasserait pas les cinq mille pieds carrés, ou quatre cent soixante-et-cinq mètres carrés.

d) Les silos

L'élevage en silos est appelé à prendre de plus en plus d'importance pour les raisons suivantes:

— il exige peu d'espace;

— l'oxygénation par diffusion est plus efficace qu'en «race-ways» à cause de la profondeur du bassin;

— la surface de réchauffement des eaux est restreinte;

— le nombre de poissons élevés pour un volume d'eau donné est plus élevé que pour les autres types de bassins.

IV — Élevage proprement dit

a) La fécondation artificielle

En pisciculture, cette opération est des plus importantes. On doit d'abord savoir reconnaître un poisson prêt pour le frai, le capturer et séparer les mâles des femelles. Lorsque le temps est venu, on réalise la fécondation artificielle.

1) Qualité des géniteurs

Il est important de posséder des géniteurs en bonne santé et assez jeunes. Ils doivent être bien nourris et le moins «stressés» possible. La grosseur des oeufs et leur nombre varie surtout avec l'âge des femelles. On extrait environ sept cents à huit cents oeufs par livre, ou par 453 grammes de poisson.

Les oeufs provenant de Salmonidés nourris artificiellement sont habituellement jaunes pâles, alors que des oeufs de Salmonidés nourris naturellement sont plutôt roses.

2) Préparatifs pour la fécondation

Le temps de la fécondation arrivé, on capture les poissons prêts à frayer; on les place dans des bassins en prenant soin de séparer les mâles des femelles.

Il est assez facile de reconnaître un mâle d'une femelle à l'époque du frai. Les mâles sont plus colorés que les femelles et ont le corps plus élancé. Les vieux mâles possèdent un crochet souvent prononcé à l'extrémité de la mâchoire inférieure; sauf pour les touladis.

Les femelles sont peu colorées, ne possèdent pas de crochet sur le maxillaire inférieur et ont l'orifice urogénital rouge. Chez les mâles, l'anus est allongé et pâle.

3) Fécondation proprement dite

Au Québec, on utilise la méthode sèche. C'est une méthode très efficace, où un très fort pourcentage des oeufs est fécondé. Les oeufs sont récoltés dans un bassin bien sec; par la suite, on les féconde avec la laitance d'un mâle.

On évite de presser trop fortement le poisson pour prévenir tout endommagement des ovaires ou des testicules.

Les oeufs et la laitance sont mélangés à l'aide d'une plume d'oiseau pour éviter tout choc aux ovules. Après fécondation, on lave les oeufs pour enlever le surplus de laitance et divers déchets.

4) Transport des oeufs

Les oeufs fécondés sont généralement transportés dans des pots ou des chaudières jusqu'à l'incubateur.

b) Incubation des oeufs

1) Préparation

Une fois les oeufs fécondés, ils sont placés sur des claies ou dans des chaudières ou des jarres à incubation. On utilise des claies dans les incubateurs horizontaux. Il existe également des incubateurs verticaux. Il est important d'acclimater lentement les oeufs à la nouvelle eau dans la laquelle ils se développeront.

2) Mise en charge

On conseille l'utilisation d'un débit d'eau d'environ un gallon ou de 4.5 litres, par minute pour 8,000 oeufs, à une température d'au moins 49 à 50° F, ou 9 à 10°C. Cette eau doit quand même être bien oxygénée et absente de gaz toxiques. Cependant, ces données sont discutables, selon le genre d'incubation utilisé. Ce qui est prioritaire avant tout, c'est qu'une eau bien oxygénée circule entre les oeufs.

3) Précautions et soins aux oeufs

Il n'est pas dangereux de manipuler les oeufs jusqu'à environ deux jours après leur fécondation. Toutefois, ces données varient selon l'espèce de Salmonidés. Une fois ce temps écoulé, on évite de brasser les oeufs jusqu'à ce qu'ils soient embryonnés. Un simple coup de poing sur le bord d'une auge peut, par propagation d'ondes dans l'eau, en tuer plusieurs milliers.

Certains pisciculteurs traitent les oeufs avec du vert de malachite, sans zinc, pour contrôler la propagation du champignon, *Saprolegnia*. Cependant, cette substance est très peu utilisée aux États-Unis, car elle est considérée comme cancérigène.

On enlève les oeufs morts avec des pinces ou par siphonage. Il est également possible de les extraire par différence de densité en utilisant une solution saline.

Il est important de prévenir le déplacement des oeufs. Un débit trop fort est à éviter. Si l'eau est fortement chargée de sédiments, on conseille de la filtrer; les oeufs sont par le fait même protégés et demeurent propres.

4) Commerce des oeufs embryonnés

Les oeufs sont vendus ou achetés lorsqu'ils sont embryonnés. On détermine habituellement le nombre d'oeufs, à l'once ou au litre. Pour effectuer ce calcul, on utilise la méthode de Bayer. Il suffit de placer une rangée d'oeufs à l'intérieur d'une petite auge aménagée à cette fin. On compte le nombre d'oeufs pour compléter une rangée; en référant à un graphique, il est facile par la suite d'évaluer le nombre de milliers d'oeufs au litre, à la pinte (U.S.A.) ou à l'once.

Il est également possible d'évaluer la quantité d'oeufs par pesée. On compte d'abord une certaine quantité d'oeufs; cinq cents, par exemple, et on les pèse sur une balance. Supposons que 500 oeufs pèsent 42 grammes; on pèse ensuite un lot d'oeufs et on enregistre la pesée; si le résultat est de 420 grammes, on obtient par simple calcul le nombre d'oeufs dans ce dernier lot, soit:

500 oeufs: 42 grammes

X oeufs: 420 grammes

RÉPONSE: 5,000 oeufs

La méthode par mesure de volume est également très utilisée. On place dans un cylindre gradué une certaine quantité d'oeufs qu'on a comptés préalablement; ensuite, on mesure l'espace exigé par ces oeufs. Supposons par exemple que mille oeufs exigent un espace de cent centimètres cubes. À partir d'une telle donnée, il est facile d'évaluer une quantité d'oeufs, qui exige un espace de mille centimètres cubes par exemple, ou d'un litre; soit dix mille oeufs. Il est important, cependant, de procéder avec des oeufs de grosseur la plus uniforme possible.

Il existe plusieurs autres méthodes pour évaluer une quantité d'oeufs; nous avons décrit les plus utilisées.

c) Mise en charge des bassins et des auges

Beaucoup de pisciculteurs pèchent à ce niveau. Il leur arrivent trop souvent de surcharger les bassins et les auges. Les poissons sont, par le fait même, affaiblis et plus facilement victimes de maladies ou d'intoxication.

Il est important de bien connaître la capacité de chaque bassin; pour y arriver, le pisciculteur doit posséder le matériel nécessaire à la vérification de la quantité d'oxygène dans l'eau. Il est préférable qu'il y ait au moins neuf milligrammes par litre ou ppm d'oxygène à l'entrée de chaque bassin. À la sortie, on conseille le minimum de six milligrammes par litre ou ppm. Le pisciculteur, qui ne possède pas le matériel pour évaluer l'oxygène dans l'eau, peut quand même en avoir une bonne idée en étudiant le comportement du poisson. Si l'oxygène est trop bas, le poisson a tendance à se grouper à l'entrée d'eau; ou encore, il monte en surface pour respirer. De plus, le poisson bouge ses opercules plus rapidement pour happer l'air. Il est souvent farouche et se déplace rapidement dès qu'on l'approche. Si l'oxygène est suffisamment élevé, il est distribué plus uniformément dans le bassin.

d) Comptage, pesée et mesurage du poisson

Les techniques de comptage utilisées varient selon la grosseur du poisson et le nombre à compter.

On utilise, entre autres, la méthode par déplacement d'eau. En sachant qu'une certaine quantité de poissons occupent un volume précis d'eau, il est facile, par comparaison, de calculer une quantitée de poissons dans un volume supérieur. On compte souvent les gros spécimens un par un.

Le poisson vivant est pesé dans l'eau. On place un récipient rempli d'eau sur une balance et on enregistre la pesée. Par soustraction, on obtient le poids du poisson qu'on y ajoute.

On mesure le poisson à l'aide d'une règle spéciale et on enregistre surtout la longueur totale, soit du bout de la tête à la fin de la nageoire caudale.

e) Transport et ensemencement du poisson

On transporte le poisson à son lieu d'ensemencement, de différentes façons. Selon le nombre et la grosseur, on emploie des camions-citernes ou des sacs de polyéthylène. Dans certains camions-citernes, l'eau circule à l'aide de pompes. Elle est oxygénée en giclant dans l'air; dans d'autres, on pousse de l'oxygène ou de l'air comprimé dans le réservoir à truites. L'oxygène liquide peut même être utilisé. Si on emploie un sac de polyéthylène, on doit d'abord le remplir au tiers d'eau et compléter le volume avec de l'oxygène en bombonne. Ce mode de transport peu coûteux est pratique surtout pour la jeune truite.

Une fois sur les lieux; on s'efforce d'équilibrer les températures entre l'eau du lieu d'ensemencement et celle du récipient où se trouve la truite. Pour la jeune truite, une différence dépassant 2°C peut être néfaste. On cesse de nourrir la truite au moins vingt-quatre heures avant de l'ensemencer.

Pour le transport en sac, on conseille de ne pas placer plus de six onces, ou cent soixante-dix grammes, d'alevins par gallon, ou 4.5 litres d'eau bien oxygénée à une température ne dépassant pas 50°F, ou 10°C. Si on utilise un camion-citerne avec un bon système d'aération, dans bien des cas, la quantité de poisson peut être doublée. Cependant, le nombre transporté varie selon la température de l'eau, le temps du voyage, l'espèce de poisson et son âge.

f) Nutrition du poisson

1) La nourriture sèche

De plus en plus, les pisciculteurs distribuent à leurs poissons de la nourriture sèche vendue sous forme de granulés ou «pellets». Cette nourriture n'exige aucune préparation. De plus, la plupart de ces moulées sont bien équilibrées au point de vue alimentaire et constituent une nourriture complète. Cependant, cette nourriture doit être fraîche et conservée dans un endroit sec et frais.

2) La nourriture humide

Il est possible de nourrir le poisson avec des déchets de crevettes, des gamarres ou petits crustacés, du foie de boeuf et d'autres abats de boucherie. Cependant, dans bien des cas, on doit y ajouter des vitamines. Certaines chairs de poisson peuvent contenir des enzymes susceptible de détruire des vitamines essentielles.

Si le poisson est nourri avec de la viande, trois à sept livres, ou 1.5 à trois kilogrammes, sont nécessaires pour produire une livre, ou 0.5 kilogrammes de truite; le même résultat est obtenu avec 1.5 à 2.2 livres, ou 0.68 à 1.0 kilogramme de granulés ou comprimés.

g) Conservation de l'espèce

En pisciculture, il est important de prévenir toutes pertes de poissons, par suite d'une mauvaise gestion.

1) Les prédateurs

Pour survivre, le poisson doit se développer dans une eau bien oxygénée et exempte de produits toxiques. Il doit y trouver nourriture et abris. Si l'un de ces facteurs est déficient, les prédateurs ont la tâche facile.

— Les insectes

Il existe des insectes qui, soit à l'état de larve ou d'adulte, peuvent s'attaquer aux jeunes poissons et même aux oeufs des adultes.

— Les poissons

Certains sont carnivores et très voraces. Ils se nourrissent surtout de proies vivantes et d'autres poissons. Le brochet et le maskinongé en sont des exemples-types. Même une truite peut dévorer une compagne atteignant le moitié de sa grosseur.

— Les batraciens (amphibiens)

En plus d'être des concurrents au point de vue nourriture, certains d'entre eux peuvent manger de jeunes poissons. C'est le cas du oua-oua-ron ou grenouille-taureau.

— Les oiseaux

Plusieurs oiseaux sont des mangeurs de poissons. Qui n'a pas déjà vu un martin-pêcheur à l'oeuvre!

— Les mammifères

Le vison et la loutre ont développé une réputation de mangeurs de poissons. Des petits mammifères, tels la musaraigne aquatique, peuvent détruire une fraie et s'attaquer aux oeufs.

Le rat musqué est avant tout végétarien. Même si c'est un rongeur, à l'occasion, il mange quelques alevins, mais c'est plutôt rare.

2) Contrôle

— Techniques indirectes

En pisciculture, on recouvre les bassins de grillage ou de filet. De cette façon, les poissons sont à l'abri des prédateurs. Des cordes placées au dessus des bassins à une quinzaine de pouces ou 38.0 cm, de distance, embêtent certains oiseaux prédateurs.

— Techniques directes

Certains piègent les prédateurs, les chassent ou les capturent avec des cages; d'autres les empoisonnent ou les éloignent à l'aide d'épouvantails, d'objets brillants ou de bruits. Les chiens de garde donnent de bons résultats. Cependant, avant de tuer ou piéger un prédateur, on doit obtenir la permission des gouvernements responsables de leur protection.

3) La santé du poisson

Si le poisson vit dans un milieu bien oxygéné, exempt de gaz toxiques, s'il est bien nourri et non «stressé», il demeure généralement en bonne santé. C'est pour cette raison qu'il ne faut jamais surpeupler une nappe d'eau ou un bassin d'élevage. On conseille de prévenir la maladie plutôt que d'essayer de la guérir.

— Importance

Certaines maladies graves peuvent décimer et même éliminer une population complète de poissons. Une bonne régie piscicole s'impose donc.

— Les sortes de maladies

— Maladies en relation avec le milieu

Selon Huet, si l'eau est trop acide, ou a un pH en dessous de 4.5, la truite a des mouvements natatoires irréguliers; elle happe l'air en surface et essaie de sauter hors del'eau. Ses opercules peuvent changer de coloration. Il y a sécrétion d'une assez forte quantité de mucus. On remédie à ce faible pH en plaçant des produits alcalins dans le milieu aquatique.

Le même auteur déclare que dans une eau trop alcaline, au pH au dessus de 9.0, il se développe des genres d'ulcères sur les opercules de la truite et sa peau s'assombrit. On corrige une telle situation en plaçant des carbonates dans l'eau. Ils ont pour effet de maintenir le pH constant, en jouant le rôle de tampon.

— Maladies d'origine nutritionnelle

Certaines nourritures incomplètes, au point de vue vitamines et acides aminés essentiels, peuvent entraîner des maladies. On corrige cette situation en ajoutant des vitamines aux aliments et en utilisant de la nourriture plus fraîche et plus riche en vitamines.

— Maladies à virus

Les virus causent souvent de graves dégâts. Certains entraînent une dégénérescence du pancréas, du foie ou des reins du poisson. Des virus peuvent même être transmis par l'oeuf. Peu de temps après l'éclosion, le virus fait des ravages. Pour prévenir le ravage des virus, il faut pratiquer une très bonne régie.

— Maladies à bactéries

Les bactéries peuvent causer beaucoup de dégâts chez la truite. On contrôle souvent les maladies bactériennes par l'emploi d'antibiotiques, de sulfamide et de formaline.

— Maladies à champignons

En ce qui concerne les champignons microscopiques, il s'attaquent aux poissons et à leurs oeufs. Au Québec, on traite les poissons contaminés et leurs oeufs surtout avec du vert de malachite. Il est également possible d'utiliser la formaline.

— Les protozoaires et les métazoaires

Les métazoaires parasites (animaux à plusieurs cellules) sont assez nombreux. On y rencontre souvent des crustacés et plusieurs espèces de vers. Le produit, régulièrement utilisé, pour débarrasser le poisson de ses parasites est la formaline.

b) Classification du poisson (calibrage)

Cette opération est très importante en pisciculture. Elle permet une croissance plus rapide du poisson et prévient les pertes inutiles à la suite du canibalisme. Le poisson étant bien classifié, il est plus facile d'en évaluer le poids. De plus les poissons vendus sont de longueur uniforme.

Il existe différentes techniques de calibrage. On utilise surtout des appareils permettant de classer le poisson selon sa longueur par sa largeur. La technique consiste à faire passer le poisson à travers une série de barreaux parallèles placés à une certaine distance les uns des autres. Les petits passent à travers cette barrière, alors que les gros en sont empêchés. Il est également possible de forcer le poisson à se classifier lui-même uniquement en variant la vitesse du courant et en utilisant des déflecteurs.

a) Le poisson vivant

Il est capturé quelques jours avant le transport et placé dans un bassin, où il est facile de le recapturer. On le compte, le mesure et le pèse. Il est soumis à une période de jeûne de 24 à 48 heures. Enfin, il est placé dans le récipient de transport.

b) Le poisson mort

Le poisson est capturé et tué immédiatement. L'une des meilleures techniques d'euthanasie est le choc électrique. L'animal est ensuite éviscéré, soit à la main ou à la machine. Il est lavé et égoutté durant quelques minutes. Ensuite il est réfroidi et placé dans le matériel d'emballage.

Si on désire le livrer frais, on le place au réfrigérateur à une température de 33°F, ou 1°C. Ensuite, on l'entoure de glace et on effectue la livraison le plus rapidement possible.

Si on doit le congeler, on réalise cette opération sans perdre de temps. La livraison est effectuée dans les deux cas, à l'aide de camions réfrigérés.

VI — Quelques conseils

Si vous désirez réaliser un centre d'élevage, voici quelques conseils.

a) Vous documenter

Le Gouvernement du Québec distribue gratuitement de la littérature sur le sujet. On vous explique comment procéder pour éviter des ennuis et réussir dans l'entreprise piscicole. Il existe également des ouvrages publiés en langue française et en langue anglaise provenant du Canada et d'autres pays.

b) Visiter des centres d'élevage à Salmonidés

Avant de vous lancer aveuglément dans une telle entreprise, il est important de visiter un certain nombre de stations piscicoles du Québec et même de l'étranger.

c) S'inscrire au Syndicat des producteurs piscicoles (U.P.A.)

Si vous possédez déjà un centre de pisciculture, vous avez tout intérêt à adhérer à cette organisation. Vous rencontrerez des pisciculteurs expérimentés et vous serez renseigné sur les méthodes d'élevage les plus modernes. De plus, il existe une coopérative québécoise dans le domaine piscicole.

VII — Où en est la pisciculture au Québec

Au Québec, il existe des stations piscicoles appartenant au Gouvernement Provincial (M.L.C.P.), d'autres sont des centres d'élevage semi-privés relevant d'Associations de Chasse et Pêche et finalement, certaines stations piscicoles sont strictement privées. On y élève différentes espèces de poissons, tels que le maskinongé, la ouananiche, la truite brune, la truite arc-en-ciel, l'omble de fontaine, le touladi et la moulac.

Toutefois, la spécialité générale des stations piscicoles privées est avant tout la production d'ombles de fontaine et de truites arc-en-ciel. Exceptionnellement, on y élève du touladi et de la ouananiche. Il est à noter, cependant que seule l'omble de fontaine peut être élevée presque partout au Québec. Il existe des restrictions importantes pour la truite arc-en-ciel.

Nous avons introduit à la fin de ce chapitre, une série de tableaux pouvant être utiles aux pisciculteurs. **Ces données ne peuvent être appliquées à la lettre d'un centre d'élevage à l'autre. Pour cette raison, nous vous les présentons tout simplement comme guide;** libre à vous de les adapter à votre production.

COMMENTAIRES SUR CHAQUE TABLEAU

TABLEAU 6.1:

Le premier tableau montre au pisciculteur comment prévenir toutes pertes inutiles de poissons. Il est important de suivre ces conseils pour réussir en pisciculture.

TABLEAUX 6.2, 6.3, 6.4:

Ces trois tableaux ont pour but de familiariser le pisciculteur avec les différents systèmes (anglais et métrique). Nous croyons qu'ils lui seront utiles pour mieux se documenter dans les littératures française et anglaise.

TABLEAU 6.5:

Ce tableau démontre que l'altitude joue un rôle important au niveau de la saturation de l'oxygène dans l'eau. En résumé, plus l'altitude est élevé, plus le taux de saturation d'oxygène est faible. Plus nous nous approchons du niveau de la mer, plus le taux de saturation en oxygène est élevé. Le taux de saturation en oxygène varie avec la température. Plus elle est élevée, plus le taux de saturation en oxygène est bas; plus elle est basse, plus le taux de saturation en oxygène est élevé.

TABLEAU 6.6:

Ce tableau nous démontre l'importance de la qualité de l'eau en pisciculture. **Il est peu complet;** pour cette raison, si un problème de qualité d'eau survient, **on vous conseille fortement de consulter un spécialiste** dans le domaine.

TABLEAU 6.7:

Nous croyons que ce tableau est indispensable au pisciculteur. Grâce à ce dernier, il est possible de calculer le poids des Salmonidés dans chaque bassin à partir de leur longueur. Nous voulons toutefois insister sur le fait que **ces chiffres ne sont qu'arbitraires.** Ils peuvent varier d'un centre de pisciculture à l'autre. (**Mesure de longueur à la fourche**)

TABLEAU 6.8:

Ces chiffres peuvent orienter le pisciculteur pour déterminer la quantité de jeunes poissons à placer dans des auges. On considère trois facteurs pouvant influencer la mise en charge: la température, l'altitude et l'oxygène dissous. Cependant, de nombreux facteurs ont été mis de côté, tels le pH et le poids des Salmonidés, lesquels sont très importants.

TABLEAU 6.9:

Ce tableau est plus précis que le précédent. Il provient de la formule de Liao, P.B., concernant la mise en charge des bassins de pisciculture. Il considère la taille du poisson, la température et l'oxygène disponible dans l'eau d'alimentation.

Voici un exemple: Supposons que la température de l'eau est à 50°F, ou 10°C et que le poids moyen de la truite à élever est de 0.7 onces, ou de 20 grammes. D'après ce tableau, il est possible d'élever 9 livres de poisson pour un débit d'un gallon d'eau par minute, ou 15.3 kilogrammes par mètre cube d'eau à l'heure saturé d'oxygène.

TABLEAU 6.10:

Ce tableau indique par quel indice multiplier le chiffre de mise en charge obtenu au tableau précédent, lorsque l'oxygène dissous dans l'eau n'est pas à saturation.

Par exemple, pour une température de 50°F, ou de 10°C, si l'oxygène dissous est de 10 mg/l ou ppm, il faut multiplier le nombre de kilogrammes par mètre cube par heure obtenu au tableau 6.9, soit 15.3 (exemple précédent) par 0.68. La mise en charge est donc nettement inférieure, soit de 6.0 lb/gal/minute, ou 10.4 kilogrammes/mètre cube par heure de débit.

De plus, le pH peut apporter des problèmes de mise en charge. Par exemple, selon Boulanger, Y. (1978), à des pH alcalins tels que 8.5 et à une température de 59°F, ou 15°C, l'ammoniac devient un facteur plus limitant que l'oxygène.

TABLEAU 6.11:

Ce tableau n'est que complémentaire. Nous l'avons présenté dans le but de satisfaire la curiosité des gens qui réalisent l'incubation.

TABLEAU 6.12:

Ces chiffres sont présentés dans le but de donner une certaine indication sur la quantité de nourriture à distribuer quotidiennement aux poissons. Pour l'utiliser, il est important de connaître le poids de poisson dans chaque bassin. Ces données peuvent varier selon la moulée utilisée. **Les chiffres présentés dans ce tableau ne constituent qu'une moyenne.** Toutefois, il est facile de constater que plus l'eau est froide, moins il faut nourrir le poisson. Plus le poisson est gros, toutes proportions gardées, moins il consomme d'aliments.

TABLEAU 6.13:

Ce tableau nous démontre le rôle primordial des vitamines dans la nourriture. Ne croyez pas, cependant, que ces données sont complètes. Pour cette raison, lorsque des problèmes de nutrition surgissent, **consultez un spécialiste dans le domaine.** De grâce, n'essayez pas de tout solutionner à l'aveuglette.

TABLEAU 6.14:

Ce tableau **est présenté avec énormément de restriction.** Nous ne pouvons conseiller aux pisciculteurs de donner des traitements à l'aveuglette à leurs poissons. S'il y a mortalité, **dès qu'elle atteint les 10%, consultez un spécialiste immédiatement.** En agissant avec prudence, vous évitez un tas de problèmes et possiblement la perte d'une grande partie de votre production piscicole.

TABLEAU 6.15:

Ce dernier tableau sera utile au pisciculteur pour transporter son poisson soit dans des sacs de polyéthylène ou des coffres.

TABLEAU 6.1

Quelques moyens pour prévenir les pertes de Salmonidés par maladies ou toute autre cause.

Données tirées partiellement des ouvrages de HUET Marcel, 1970 et de LEITRITZ Earl 1976

1. Utilisation d'une eau de qualité, en quantité suffisante.

2. Désinfection des instruments de pisciculture, des incubateurs et des différents bassins et étangs.

3. Incubation d'oeufs sains et forts dont le nombre a été calculé selon la qualité et la quantité d'eau.

4. Prévention des chocs durant l'incubation.

5. Traitement des oeufs si nécessaire.

6. Prévention de l'entassement dans toutes les étapes de l'élevage.

7. Prévention des manipulations et des transferts inutiles.

8. Nutrition avec une alimentation saine et fraîche.

9. Addition de vitamines à la nourriture en cas de besoin.

10. Prévention de la suralimentation.

11. Aucune nutrition du poisson au moins vingt-quatre heures avant le transport.

12. Aucune nutrition du poisson lorsqu'il y a nettoyage.

13. Classification régulière du poisson pour prévenir le canibalisme et activer sa croissance.

14. Nettoyage des incubateurs et des bassins lorsque le besoin se fait sentir.

15. Dévasement des étangs et contrôle de la végétation.

16. Élimination des poissons malades et incinération de ces derniers.

17. Contrôle des prédateurs et des maladies.

18. Vérification quotidienne du comportement du poisson et de son apparence générale.

19. Vérification régulière du débit d'eau, de la température, de l'oxygène et de la qualité du poisson dans les bassins.

20. Possession d'instruments et d'appareils pouvant être utilisés en cas d'urgence (ex.: compresseur, aérateur, autres sources d'alimentation en eau, étangs libres, etc.) et prévention de tout « stress » dont pourrait être victime le poisson, et recourir a un spécialiste lorsque les pertes atteignent les 10%.

TABLEAU 6.2

Quelques équivalences des unités de mesure du système anglais et du système métrique

LONGUEURS (système anglais)

1 pied	=	12 pouces
1 verge	=	3 pieds
1 brasse	=	6 pieds
1 arpent	=	191.835 pieds
1 mille	=	5 280 pieds

SURFACE (système anglais)

1 pied carré (pi^2)	=	144 pouces carrés.
1 verge carrée	=	9 pieds carrés
1 verge carrée	=	1 296 pouces carrés
1 acre	=	208.71 pieds de côté
1 acre	=	4 840 verges carrées
1 arpent carré	=	36 800.67 pieds carrés
1 arpent carré	=	0.845 acre

MESURES CUBIQUES (système anglais)

1 728 pouces	=	1 pied cube
1 verge cube	=	27 pieds cubes

MESURES LIQUIDES (système anglais)

20 onces fluides	=	1 chopine
2 chopines	=	1 pinte
1 pinte	=	40 onces
1 gallon	=	4 pintes
1 gallon	=	160 onces

POIDS (anglais: Avoir-du-Poids)

1 livre	=	16 onces
1 tonne courte	=	2 000 livres
1 tonne forte	=	2 240 livres

LONGUEURS (système métrique)

1 micron	=	1 000 millimicrons
1 millimètre	=	1 000 microns
1 centimètre (cm)	=	10 millimètres (mm)
1 mètre	=	100 centimètres (cm)
1 kilomètre (km)	=	1 000 mètres (m)

SURFACE (système métrique)

1 centimètre carré	=	100 millimètres carrés
1 mètre carré	=	10 000 centimètres carrés
1 hectare	=	10 000 mètres carrés
1 kilomètre carré	=	1 000 000 mètres carrés
1 kilomètre carré	=	100 hectares
1 are	=	100 mètres carrés
1 hectare	=	100 ares

MESURES CUBIQUES (système métriques)

1 centimètre cube	=	1 000 millimètres cubes (mm^3)
1 mètre cube	=	1 000 000 centimètres cubes

MESURES LIQUIDES (système métrique)

1 millilitre	=	1.00028	centimètre cube (cc)
1 litre	=	1 000	millilitres
1 décalitre	=	10	litres
1 mètre cube	=	1 000	litres

POIDS (système métrique)

1 milligramme (mg)	=	1 000	microgrammes (mg)
1 gramme (g)	=	1 000	milligrammes
1 kilogramme (kg)	=	1 000	grammes
1 tonne métrique	=	1 000	kilogrammes

TABLEAU 6.3

Transformation d'unités du système anglais utilisé le plus fréquemment, en unités du système métrique.

MESURES DE LONGUEUR

1 pouce	=	2.54 centimètres (cm).
0.3937 pouce	=	1.0 centimètre
39.375 pouces	=	1.0 mètre (m).
1.0 pied	=	30.48 centimètres
3.280 pieds	=	1.0 mètre
1.0 verge	=	0.914 mètre
1.094 verge	=	1.0 mètre
0.621 mille	=	1.0 kilomètre (km)
1.0 mille	=	1.609 kilomètre

MESURES CUBIQUES (capacité)

1.0 pouce cube	=	16.387 centimètres cubes
0.061 pouce cube	=	1 centimètre cube (cm^3)
1.0 pied cube	=	28 316.846 cm^3
0.000035 pi^3	=	1 centimètre cube
1.0 verge cube	=	0.765 mètre cube
1.3069 verge cube	=	1.0 mètre cube

MESURE DE MASSE (poids)

1 once	=	28.349 grammes
0.035 once	=	1.0 gramme
0.0022 livre	=	1 gramme
1.0 livre	=	453.6 grammes

1.0 livre	=	0.453 kilogramme
2.2046 livres	=	1.0 kilogramme
1.0 tonne courte	=	0.907 tonne métrique
1.1023 tonne courte	=	1 tonne métrique
1.0 tonne forte	=	1.016 tonne métrique

MESURES DE SURFACE

1 pouce carré	=	6.452 centimètres carrés
0.155 pouce carré	=	1.0 centimètre carré
1.0 pied carré	=	0.0929 mètre carré
10.764 pieds carrés	=	1.0 mètre carré
1.0 verge carrée	=	0.836 mètre carré
1.1961 verge carrée	=	1.0 mètre carré
1.0 acre	=	0.4047 hectare
2.471 acres	=	1.0 hectare
1.0 mille carré	=	2.59 kilomètres carrés

MESURES LIQUIDES (capacité)

1.0 once fluide	=	28.413 centimètres cubes (cm^3)
1.0 chopine	=	568.261 cm^3
1.0 pinte	=	1.136 litre
1.0 pinte	=	1 136.5 cm^3
1.0 gallon (imp).	=	4.546 litres
1.0 gallon (imp).	=	4 546.0 cm^3
219.969 gallon (imp).	=	1 mètre cube

DÉBIT par minute = (pm) — par seconde = (ps)

1 gallon (imp) par minute	=	4.456 litres (pm)
0.220 gallon (imp) par minute	=	1.0 litre (pm)
1.0 pied cube par seconde	=	28.316 litres(ps)
0.035 pied cube par seconde (cusec)	=	1.0 litre par sec.

PRESSION

1 livre par pce. carré	=	703.069 kilogrammes par mètre carré.
0.0014 livre par pce. carré	=	1.0 kilogramme par mètre carré.
1.0 livre par pied carré (pce = pouce)	=	0.488 gramme par centimètre carré.

TABLEAU 6.4

Conversion de degrés Celcius en degrés Fahrenheit et vice-versa

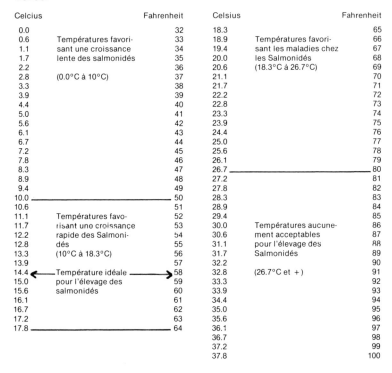

Celcius		Fahrenheit
0.0		32
0.6	Températures favori-	33
1.1	sant une croissance	34
1.7	lente des salmonidés	35
2.2		36
2.8	(0.0°C à 10°C)	37
3.3		38
3.9		39
4.4		40
5.0		41
5.6		42
6.1		43
6.7		44
7.2		45
7.8		46
8.3		47
8.9		48
9.4		49
10.0		50
10.6		51
11.1	Températures favo-	52
11.7	risant une croissance	53
12.2	rapide des Salmoni-	54
12.8	dés	55
13.3	(10°C à 18.3°C)	56
13.9		57
14.4	◄—Température idéale—►	58
15.0	pour l'élevage des	59
15.6	salmonidés	60
16.1		61
16.7		62
17.2		63
17.8		64

Celsius		Fahrenheit
18.3		65
18.9	Températures favori-	66
19.4	sant les maladies chez	67
20.0	les Salmonidés	68
20.6	(18.3°C à 26.7°C)	69
21.1		70
21.7		71
22.2		72
22.8		73
23.3		74
23.9		75
24.4		76
25.0		77
25.6		78
26.1		79
26.7		80
27.2		81
27.8		82
28.3		83
28.9		84
29.4		85
30.0	Températures aucune-	86
30.6	ment acceptables	87
31.1	pour l'élevage des	88
31.7	Salmonidés	89
32.2		90
32.8	(26.7°C et +)	91
33.3		92
33.9		93
34.4		94
35.0		95
35.6		96
36.1		97
36.7		98
37.2		99
37.8		100

174

TABLEAU 6.5

Taux d'oxygène dissous dans l'eau exprimé en milligrammes par litre ou en parties par million (ppm.) selon la température et l'altitude. (O_2 à saturation).

(Données tirées partiellement des travaux de VIBERT R., LAGLER K.F. et LEITRITZ, Earl)

Température		O_2 ppm.	O_2 ppm.	O_2 ppm.	O_2 ppm.	O_2 ppm.	O_2 ppm.	O_2 ppm.	O_2 ppm.	O_2 ppm.
°C	°F									
0	32	14.63	14.07	13.55	13.06	12.61	12.19	11.70	11.25	10.76
1	33.8	14.24	13.69	13.19	12.71	12.28	11.87	11.39	10.95	10.47
2	35.6	13.86	13.33	12.83	12.38	11.95	11.55	11.09	10.66	10.19
3	37.4	13.50	12.98	12.50	12.05	11.64	11.25	10.80	10.38	9.93
4	39.2	13.15	12.64	12.18	11.74	11.34	10.96	10.52	10.12	9.67
5	41	12.82	12.33	11.87	11.45	11.05	10.68	10.26	9.86	9.43
6	42.8	12.50	12.02	11.57	11.16	10.78	10.42	10.00	9.62	9.19
7	44.6	12.20	11.73	11.30	10.89	10.52	10.17	9.76	9.38	8.97
8	46.4	11.91	11.45	11.03	10.63	10.27	9.93	9.53	9.16	8.76
9	48.2	11.64	11.19	10.78	10.39	10.03	9.70	9.31	8.95	8.56
10	50.0	11.37	10.93	10.53	10.15	9.80	9.48	9.10	8.75	8.36
11	51.8	11.12	10.69	10.30	9.93	9.59	9.27	8.90	8.55	8.18
12	53.6	10.87	10.45	10.06	9.71	9.37	9.06	8.70	8.36	8.00
13	55.4	10.65	10.24	9.86	9.51	9.18	8.88	8.52	8.19	7.83
14	57.2	10.42	10.02	9.65	9.30	8.98	8.68	8.34	8.02	7.66
15	59.0	10.21	9.82	9.45	9.12	8.80	8.51	8.17	7.85	7.51
16	60.8	10.01	9.63	9.27	8.94	8.63	8.34	8.01	7.70	7.36
17	62.6	9.82	9.44	9.09	8.77	8.47	8.18	7.86	7.55	7.22
18	64.4	9.63	9.26	8.92	8.60	8.30	8.03	7.70	7.41	7.08
19	66.2	9.45	9.09	8.75	8.44	8.15	7.88	7.56	7.27	6.95
20	68.0	9.28	8.92	8.59	8.29	8.00	7.73	7.42	7.14	6.82
21	69.8	9.12	8.77	8.44	8.14	7.86	7.60	7.30	7.02	6.71
22	71.6	8.95	8.61	8.29	7.99	7.72	7.46	7.16	6.88	6.58
23	73.4	8.73	8.39	8.08	7.79	7.53	7.28	6.98	6.72	6.42
24	75.2	8.60	8.27	7.96	7.68	7.41	7.17	6.88	6.62	6.32
25	77.0	8.40	8.08	7.78	7.50	7.24	7.00	6.72	6.46	6.18
26	78.8	8.20	7.88	7.59	7.32	7.07	6.83	6.56	6.31	6.03
27	80.6	8.10	7.79	7.50	7.23	6.98	6.75	6.48	6.23	5.96
28	82.4	7.90	7.60	7.31	7.05	6.81	6.58	6.32	6.08	5.81
29	84.2	7.75	7.45	7.18	6.92	6.68	6.46	6.20	5.96	5.70
30	86.0	7.65	7.36	7.08	6.83	6.59	6.38	6.12	5.88	5.63

ALTITUDE EN MÈTRES ET EN PIEDS

0 m.	300 m.	600 m.	900 m.	1 200 m.	1 500 m.	1 800 m.	2 100 m.	2 500 m.
0'	980'	1 970'	2 950'	3 940'	4 930'	5 910'	6 900'	8 200'

Pied =)   mètre = m. O^2 = oxygène dissous

ppm. = parties par million.

TABLEAU 6.6

Importance de la qualité pour la survie des Salmonidés.

(Données tirées de: Christensen N.O. 1969, d'Arrignon Jacques 1968, de Huet M., 1970, et de E.P.A. Water Quality Criteria 1973).

FACTEUR À CONSIDÉRER	DISCUSSION	RECOMMANDATION
pH	un pH inférieur à 5.5 (acide) peut: 1e) provoquer des mouvements irréguliers du poisson. 2e) être dommageable aux branchies; un pH supérieur à 9.0 (trop alcalin) entraîne: 1e) la corrosion des ouies. 2e) l'ulcération des opercules. 3e) l'assombrissement de la peau.	— ajouter de la chaux hydratée à l'eau. — ajouter du carbonate de calcium à l'eau ($CaCO_3$); joue le rôle de tampon. — prévention des éléments influençant sur le pH. — ajouter de la tourbe
Oxygène dissous (O_2)	— difficulté de respirer à 4 ppm. — mortalité lente du poisson à à 3 ppm. — mortalité rapide à 2 ppm.	— si l'oxygène est trop bas l'augmenter à l'aide d'aération. — maintenir le taux d'oxygène en haut de 6 ppm.
Gaz carbonique (CO_2)	— habituellement lo CO_2 est inférieur à 20 ppm. — le poisson s'habitue à l'augmentation de ce gaz jusqu'à des concentrations de 60 ppm. sans trop de problème.	— maintenir la concentration de CO_2 en bac de 5 ppm. par aération. — éliminer la cause de production du gaz carbonique (décomposition, pollution, surcharge des bassins etc.).
Sulfure d'hydrogène (H_2S)	— c'est un gaz toxique. — senteur d'oeufs pourris. — toxique à environ 1.0 ppm. — cause: mat. organique présente (moulée, fumier)	— ne pas tolérer plus de 0.002 ppm. — remède: aération, nettoyage, élimination de la source de pollution.
Chlore	— toxique à des concentrations supérieures à 0.4 ppm.	— ne pas tolérer plus de 0.03 ppm. — aérer la nappe d'eau pour faciliter l'élimination du chlore.
Ammoniac libre	— provient de la décomposition de la matière organique. — variation de la toxicité selon le pH et la température de l'eau	NH_3 non ionisé: toxique à 0.02 ppm. — nettoyage, élimination des déchets — baisse de la charge en poissons
Phénol	— toxique à 3 ppm. — peut exister sous forme pure ou composé. — les composés sont souvent plus toxiques (on en rencontre souvent dans des matières plastiques). — mauvais goût au poisson à 1/50 ppm.	— ne pas tolérer plus de 0.1 ppm. de ce produit. — élimination de la source de pollution. — nettoyage, changement d'eau.

176

FACTEUR À CONSIDÉRER	DISCUSSION	RECOMMANDATION
Pesticides	— ce sont des produits chimiques naturels et synthétiques employés pour détruire les plantes et la vie animale. — plusieurs sont toxiques à faible concentration.	— contrôle des eaux d'alimentation. — approvisionnement d'eau saine en cas de pollution. — élimination de la source de pollution.
Mercure organique. (méthyle mercurique et autres composés).	— peut causer la mortalité des poissons à des concentrations de 0.002 ppm. — la concentration de mercure ne devrait pas dépasser 0.5 microgramme par gramme de poisson. — le mercure dans l'eau ne devrait pas dépasser 0.2 microgramme par litre d'eau.	— élimination de la source de pollution. — nettoyage des bassins.
Sels d'aluminium (Al)	— selon le pH, toxique à des concentrations de 0.05 ppm.	— éliminationn des sources de pollution par l'aluminium.
Cuivre (Cu).	— très toxique pour les algues et les mollusques. — toxique également pour les poissons à 0.006 ppm. environ. (eau douce). — moins toxique dans une eau dure. (0.03 ppm.)	— élimination de la source de pollution.
Plomb (Pb).	— toxique à une concentration de 1 à 2 ppm. dans une eau douce. — moins toxique dans une eau dure.	— ne pas tolérer plus de 0.03 ppm. — élimination de la source de pollution.
Zinc (Zn).	— toxique à plus de 0.05 ppm. — plus toxique dans les eaux douces que dans les eaux dures. — diminue la fécondité du poisson.	— ne pas tolérer plus de 0.01 ppm. de zinc. — élimination de la source de pollution.
Fer (hydroxide de fer).	— formation d'ocre sur les branchies du poisson et intoxication de ce dernier. — toxique à des concentrations supérieurs à 0.9 ppm. à certains pH.	— éviter d'utiliser des eaux trop riches en fer. — ajouter de la chaux hydratée sous forme de poudre. — favoriser la préticipitation du fer avant d'alimenter les bassins ou son absorption par des plantes.

TABLEAU 6.7

Relation entre la longueur totale des Salmonidés en pouces et en centimètres et leur nombre, à l'once, à la livre, au gramme et au kilogramme.

(Données provenant des ouvrages les Leitritz, Earl. 1976) et Mc Dam Paul B. 1972)

Longueur *		Nombre de Salmonidés				Poids de mille (1 000) Salmonidés	
en			par			en	
pouces	centimètres	once	livres	grammes	kilogrammes	livres	kilogrammes
0.75	1.91	218.75	3 500.00	7.72	7 716.05	0.29	0.13
(jeunes alevins)							
1.00	2.54	156.25	2 500.00	5.51	5 511.46	0.40	0.18
(alevins avancés)							
1.50	3.81	75.00	1 200.00	2.65	2 645.55	0.83	0.38
(alevins avancés)							
2.00	5.08	25.00	400.00	0.88	881.83	2.50	1.14
2.50	6.35	16.25	260.00	0.57	573.19	3.85	1.75
3.00	7.62	7.81	125.00	0.28	275.57	8.00	3.64
3.50	8.89	5.5	88.00	0.19	194.00	11.36	5.16
4.00	10.16	3.63	58.00	0.13	127.86	17.24	7.84
4.50	11.43	2.1	33.60	0.074	74.07	29.76	13.53
5.00	12.70	1.56	25.00	—	55.11	40.00	18.18
5.50	13.97	1.13	18.00	—	39.68	55.56	25.25
6.00	15.24	0.81	13.00	—	28.65	76.92	34.96
6.50	16.51	0.53	8.50	—	18.74	117.65	53.48
7.00	17.78	0.44	7.00	—	15.43	142.85	64.93
7.50	19.05	0.34	5.40	—	11.90	185.19	84.18
8.00	20.32	0.28	4.40	—	9.70	227.27	103.30
8.50	21.59	0.21	3.30	—	7.28	303.03	137.74
9.00	22.86	0.20	3.20	—	7.05	312.50	142.05
9.50	24.13	0.16	2.60	—	5.73	384.62	174.83
10.00	25.40	0.15	2.40	—	5.29	416.67	189.40
10.50	26.67	0.14	2.20	—	4.85	454.55	206.61
11.00	27.94	0.13	2.00	—	4.41	500.00	227.27
11.50	29.21	0.11	1.70	—	3.75	588.24	267.38
12.00	30.48	0.09	1.50	—	3.31	666.67	303.03
12.50	31.75	—	1.30	—	2.87	769.23	349.65
13.00	33.02	—	1.10	—	2.43	909.09	413.22
13.50	34.29	—	1.00	—	2.20	1 000.00	454.55
14.00	35.56	—	0.90	—	1.98	1 111.11	505.05
14.50	36.83	—	0.80	—	1.76	1 250.00	568.18
15.00	38.10	—	0.72	—	1.59	1 388.89	631.31
15.50	39.37	—	0.66	—	1.46	1 515.15	688.70
16.00	40.64	—	0.60	—	1.32	1 666.67	757.58
16.50	41.91	—	0.55	—	1.21	1 818.18	826.45
17.00	43.18	—	0.50	—	1.10	2 000.00	909.09
17.50	44.45	—	0.45	—	0.99	2 222.22	1 010.10
18.00	45.72	—	0.40	—	0.88	2 500.00	1 136.36
18.50	46.99	—	0.37	—	0.82	2 702.70	1 228.50
19.00	48.26	—	0.35	—	0.77	2 857.14	1 298.70
19.50	49.53	—	0.33	—	0.73	3 030.30	1 377.41
20.00	50.80	—	0.30	—	0.66	3 333.33	1 515.15

* Longueur à la fourche: distance entre le bout du museau et l'extrémité du rayon central de la nageoire caudale.

TABLEAU 6.8

Mise en charge d'auges à Salmonidés, en livres ou en kilogrammes, par gallon d'eau (U.S.A.) ou 3.785 litres à la minute, selon l'altitude (pieds ou mètres) et la température de l'eau (°F et °C)

(Données inspirés de LEITRITZ, Earl, 1976)

Température		Livres et kilogrammes de Salmonidés par gallon (U.S.A.) par minute								
°F	°C	lbs	kgr	lbs	kgr	lbs	kgr	lbs	kgr	lbs	kgr
45	7.2	25	11.3	23.7	10.8	21.8	9.9	20.6	9.3	19.3	8.7
50	10	13.1	5.9	12.1	5.5	11.2	5.0	10.6	4.8	10	4.5
55	12.8	8.2	3.7	7.8	3.5	7.2	3.2	6.6	3.0	6.2	2.8
60	15.6	5.8	2.6	5.3	2.4	5.0	2.2	4.5	2.0	4.1	1.8
65	18.3	4.1	1.8	3.8	1.7	3.5	1.6	3.1	1.4	2.8	1.2
70	21.1	3.2	1.4	3.0	1.3	2.7	1.2	2.4	1.0	2.2	1.0
		pds	m	pds	m	pds	m	pds	m	pds	m
		0	0	1 000	304.8	2 000	609.5	3 000	914.4	4 000	1 219.2

Altitude en pieds et en mètres.

1.0 gal. U.S.A. = 1.2 gal. imp.
1.0 gal. U.S.A. = 3.7 litres
1.0 gal. imp. = 4.5 litres

Température		Livres et kilogrammes de Salmonidés par gallon (U.S.A.) par minute								
°F	°C	lbs	kgr	lbs	kgr	lbs	kgr	lbs	kgr	lbs	kgr
45	7.2	17.8	8.0	16.5	7.5	15	6.8	14	6.3	13.1	5.9
50	10	9.0	4.0	8.4	3.8	7.5	3.4	6.8	3.0	6.2	2.8
55	12.8	5.8	2.6	5.1	2.3	4.7	2.1	4.3	1.9	3.8	1.7
60	15.6	3.8	1.7	3.5	1.6	3.1	1.4	2.8	1.3	2.4	1.0
65	18.3	2.6	1.18	2.3	1.0	2.0	0.9	1.8	0.8	1.5	0.7
70	21.1	1.9	0.8	1.7	0.7	1.5	0.7	1.4	0.6	1.1	0.5
		pds	m	pds	m	pds	m	pds	m	pds	m
		5 000	1 524	6 000	1 828.8	7 000	2 133.6	8 000	2 438.4	9 000	2 743.2

Altitude en pieds et en mètres.

TABLEAU 6.9
Mise en charge des bassins de pisciculture

Charge admissible en kilogrammes par mètre cube par heure de débit ou en livres par gallon par minute (l'oxygène à l'entrée d'eau est considérée être à saturation et ces donnés sont calculés à une pression de 760 mm. de mercure). À la sortie, la concentration en oxygène ne serait pas inférieure à 8.1 mg/l. à 5°C. (41°F.), à 7.2 mg/l. à 10°C. (50°F.), à 6.5 mg/l. à 15°C. (59°F.), et à 5.9 mg/l. à 20°C. (68°F.).

Température °C	°F	kgr/m³/hre	lb/gal/mi	kgr/m³/hre	lb/gal/mi	kgr/m³/hre	lb/gal/mi	kgr/m³/hre	lb/gal/mi	kgr/m³/hre	lb/gal/mi
5	41	22.8	13.2	31.1	18.5	34.2	20.3	37.7	22.4	41.4	24.6
10	50	10.4	6.2	14.0	8.3	15.3	9.0	16.7	10.0	18.3	10.9
15	59	6.5	3.9	8.9	5.3	9.7	5.8	10.7	6.4	11.7	7.0
20	68	4.6	2.7	6.3	3.7	6.8	4.0	7.5	4.5	8.2	4.9
		1 gramme	0.035 once	10 grammes	0.35 once	20 grammes	0.70 once	40 grammes	1.4 once	80 grammes	2.8 onces
		4.2 cm	1.7 pce	10.5 cm	4.1 pces	12.5 cm	4.9 pces	15.5 cm	6.1 pces	19.3 cm	7.6 pces

Poids de la truite en grammes et en onces et longueur correspondante en centimètre et en pouces:
1 mètre cube par heure = 3.7 gallons imp. par minute
1 kilogramme = 2.2 livres

Température °C	°F	kgr/m³/hre	lb/gal/mi	kgr/m³/hre	lb/gal/mi	kgr/m³/hre	lb/gal/mi	kgr/m³/hre	lb/gal/mi	kgr/m³/hre	lb/gal/mi
5	41	42.7	25.4	47.0	28	51.7	31.0	54.6	32.5	56.8	33.8
10	50	18.8	11.2	20.5	12.2	22.5	13.4	23.7	14.1	24.5	14.6
15	59	12.0	7.1	13.2	7.3	14.5	8.6	15.3	9.1	15.9	9.5
20	68	8.4	5.0	9.2	5.5	10.1	6.0	10.7	6.4	11.1	6.6
		100 grammes	3.5 onces	200 grammes	7.0 onces	400 grammes	14.0 onces	600 grammes	21.0 onces	800 grammes	28 onces
		20.5 cm	8.0 pce	25.0 cm	9.8 pces	32.4 cm	12.8 pces	38.5 cm	15.2 pces	42.0 cm	16.5 pces

P.S.: Les valeurs pour les mises en charges ont été extraites à partir d'un graphique publié dans le bulletin «La pisciculture québécoise.
Vol. 2 — no. 3 septembre 1978 — L'Auteur était le biologiste québécois M. Yves Boulanger.

TABLEAU 6.10

Conversion de la capacité de soutien d'un mètre cube à l'heure d'eau (3.7 gal. imp. par minute) d'après le tableau 6.9, selon la quantité d'oxygène dissous dans l'eau d'alimentation. (Tiré d'un article publié par le biologiste Yves Boulanger dans le bulletin «La Pisciculture Québécoise», vol. 2, no. 3, septembre 1978).

O_2 mg/l, ou ppm.	41° F 5° C	50° F 10° C	59° F 15° C	68° F 20° C
13	1	1	1	—
12	0.83	1	1	1
11	0.61	0.93	1	1
10	0.40	0.68	0.95	1
9	0.19	0.44	0.68	0.94
8	N.I*	0.20	0.40	0.63
7	N.I	N.I	0.14	0.33
6	N.I	N.1	N.I	0.03

* N.I Non idéal pour l'élevage

TABLEAU 6.11

Nombre de jours et d'unités de température requis pour l'incubation d'oeufs de certains Salmonidés.
(Données tirées de Litritz, Earl. 1976)

Température de l'eau °F	°C	Truite arc-en-ciel Nombre de jours d'incubation	Unités de température	Truite brune Nombre de jours d'incubation	Unités de température	Omble de fontaine Nombre de jours d'incubation	Unités de température	Touladi Nombre de jours d'indubation	Unités de température
35	1.7	—	—	156	468	144	432	162	486
40	4.4	80	640	100	800	103	824	108	864
45	7.2	48	624	64	832	68	884	72	936
50	10.0	31	558	41	738	44	792	49	882
55	12.8	24	552	—	—	35	805	—	—
60	15.6	19	532	—	—	—	—	—	—

* Les unités de température expriment le nombre de degrés Fareinheit supérieurs à 32° durant toute la période d'incubation.

EXEMPLE: À 35° il faut 156 jours ou 468 unités pour incuber des oeufs de truites brunes: en moyenne, le 32° F a été dépassé de 3° F durant 156 jours; donc 156 X 3 = 468 unités de température.

TABLEAU 6.12

Quantité moyenne d'aliments concentrés secs à distribuer quotidiennement à cent livres (45.5 kgr) de Salmonidés d'élevage, selon leur longueur et la température de l'eau.

(Données provenant partiellement de LEITRITZ, Earl: 1976).

Nombre de livres d'aliments par 100 livres (45.5 kgr) de poissons.

Température °F	°C																				
68	20.0	9.9	9.4	8.15	6.9	6.2	5.5	4.75	4.0	3.6	3.2	2.85	2.5	2.3	2.1	2.05	2.0	1.9	1.8	1.75	1.7
67	19.4	9.6	9.1	7.85	6.6	5.95	5.3	4.6	3.9	3.5	3.1	2.8	2.4	2.25	2.1	2.0	1.9	1.8	1.7	1.65	1.6
66	18.9	9.3	7.8	7.05	6.3	5.7	5.1	4.45	3.8	3.4	3.0	2.65	2.3	2.15	2.0	1.9	1.8	1.7	1.6	1.6	1.6
65	18.3	9.0	7.5	6.8	6.1	5.5	4.9	4.25	3.6	3.25	2.9	2.55	2.2	2.1	2.0	1.9	1.8	1.7	1.6	1.55	1.5
64	17.8	8.7	7.2	6.55	5.9	5.3	4.7	4.1	3.5	3.15	2.8	2.50	2.2	2.05	1.9	1.8	1.7	1.65	1.6	1.55	1.5
63	17.2	8.4	7.0	6.35	5.7	5.1	4.5	3.95	3.4	3.05	2.6	2.4	2.1	2.0	1.9	1.8	1.7	1.6	1.5	1.45	1.4
62	16.7	8.1	6.7	6.1	5.5	4.9	4.3	3.75	3.2	2.9	2.5	2.35	2.1	1.95	1.8	1.7	1.6	1.55	1.5	1.45	1.4
61	16.1	7.8	6.5	5.9	5.3	4.7	4.1	3.6	3.1	2.8	2.4	2.25	2.0	1.9	1.8	1.7	1.6	1.5	1.4	1.35	1.3
60	15.6	7.5	6.3	5.7	5.1	4.5	3.9	3.45	3.0	2.7	2.3	2.2	2.0	1.85	1.7	1.6	1.5	1.45	1.4	1.35	1.3
59	15.0	7.3	6.0	5.5	5.0	4.35	3.7	3.25	2.8	2.55	2.2	2.1	1.9	1.8	1.7	1.6	1.5	1.4	1.3	1.25	1.2
58	14.4	7.0	5.8	5.3	4.8	4.2	3.6	3.15	2.7	2.45	2.1	2.05	1.9	1.75	1.6	1.5	1.4	1.35	1.3	1.25	1.2
57	13.9	6.7	5.5	5.0	4.5	4.0	3.5	3.05	2.6	2.35	2.0	1.95	1.8	1.65	1.6	1.45	1.4	1.3	1.2	1.15	1.1
56	13.3	6.3	5.3	4.8	4.3	3.8	3.3	2.9	2.5	2.25	1.9	1.85	1.7	1.6	1.5	1.4	1.3	1.25	1.2	1.1	1.1
55	12.8	6.1	5.1	4.65	4.2	3.7	3.2	2.8	2.4	2.2	1.8	1.80	1.6	1.5	1.5	1.35	1.3	1.2	1.1	1.05	1.0
54	12.2	5.8	4.9	4.4	3.9	3.45	3.0	2.65	2.3	2.1	1.7	1.75	1.6	1.5	1.4	1.35	1.3	1.2	1.1	1.05	1.0
53	11.7	5.6	4.7	4.25	3.8	3.35	2.9	2.55	2.2	2.0	1.7	1.65	1.5	1.4	1.4	1.2	1.2	1.1	1.1	1.05	1.0
52	11.1	5.4	4.5	4.05	3.6	3.2	2.8	2.45	2.1	1.9	1.6	1.6	1.5	1.4	1.3	1.2	1.1	1.05	1.0	0.95	0.9
51	10.6	5.4	4.5	4.0	3.5	3.15	2.8	2.45	2.1	1.9	1.6	1.6	1.5	1.3	1.3	1.2	1.1	1.05	1.0	0.95	0.9
50	10.0	5.2	4.3	3.85	3.4	3.05	2.7	2.35	2.0	1.85	1.55	1.55	1.4	1.2	1.2	1.15	1.1	1.05	1.0	0.95	0.9
49	9.4	4.7	3.9	3.55	3.2	2.85	2.5	2.2	1.9	1.7	1.4	1.4	1.3	1.2	1.1	1.05	1.0	1.0	0.9	0.85	0.8
48	8.9	4.5	3.8	3.4	3.0	2.7	2.4	2.1	1.8	1.65	1.3	1.4	1.3	1.1	1.1	1.05	1.0	0.95	0.9	0.85	0.8
47	8.3	4.3	3.6	3.3	3.0	2.65	2.3	2.0	1.7	1.55	1.3	1.3	1.2	1.1	1.0	0.95	0.9	0.85	0.8	0.75	0.7
46	7.8	4.1	3.4	3.1	2.8	2.5	2.2	1.95	1.7	1.55	1.2	1.3	1.2	1.05	1.0	0.95	0.9	0.85	0.8	0.75	0.7
45	7.2	4.0	3.3	3.0	2.7	2.4	2.1	1.85	1.6	1.45	1.2	1.2	1.1	1.05	1.0	0.95	0.9	0.85	0.8	0.75	0.7
44	6.7	3.8	3.1	2.8	2.5	2.25	2.0	1.75	1.5	1.4	1.1	1.15	1.0	1.05	0.9	0.85	0.8	0.8	0.8	0.7	0.6
43	6.1	3.6	3.0	2.75	2.5	2.2	1.9	1.65	1.4	1.3	1.1	1.1	0.95	0.95	0.9	0.85	0.8	0.75	0.7	0.65	0.6
42	5.6	3.5	2.8	2.6	2.4	2.1	1.8	1.6	1.4	1.3	1.05	1.05	0.9	0.85	0.8	0.75	0.7	0.65	0.6	0.55	0.5

		1	1½	2	2½	3	3½	4	4½	5	5½	6	6½	7	7½	8	8½	9	9½	10	10½
41	5.0	3.3	2.8	2.5	2.2	2.0	1.8	1.6	1.4	1.25	1.1	1.0	0.9	0.85	0.8	0.75	0.7	0.65	0.6	0.55	0.5
40	4.4	3.2	2.6	2.4	2.2	1.95	1.7	1.6	1.3	1.15	1.0	1.0	0.9	0.85	0.8	0.75	0.7	0.65	0.6	0.55	0.5
39	3.9	3.0	2.5	2.35	2.2	1.95	1.7	1.5	1.3	1.1	0.9	0.85	0.85	0.75	0.7	0.65	0.6	0.6	0.6	0.55	0.5
38	3.3	2.9	2.4	2.2	2.0	1.75	1.5	1.35	1.2	1.05	0.9	0.85	0.8	0.75	0.7	0.65	0.6	0.55	0.5	0.5	0.5
37	2.8	2.7	2.3	2.05	1.8	1.6	1.4	1.25	1.1	1.0	0.9	0.8	0.7	0.65	0.6	0.55	0.5	0.5	0.5	0.45	0.4
36	2.2	2.7	2.2	1.95	1.7	1.5	1.3	1.15	1.0	0.9	0.8	0.75	0.7	0.65	0.6	0.55	0.5	0.5	0.5	0.45	0.4

* Longueur du poisson en pouces

1	1½	2	2½	3	3½	4	4½	5	5½	6	6½	7	7½	8	8½	9	9½	10	10½

Longueur du poisson en centimètres

2.54	3.81	5.08	6.35	7.62	8.89	10.16	11.43	12.70	13.97	15.24	16.51	17.78	19.05	20.32	21.59	22.86	24.13	25.40	26.67

Nombre approximatif de poissons à la livre

2 500	1 200	400	260	125	88	58	33.60	25	18	13	8.50	7.00	5.40	4.40	3.30	3.20	2.60	2.40	2.20

Nombre approximatif de poissons au kilogramme

5 514.6	2 645.55	881.8	573.2	275.6	194.00	127.9	74.6	55.1	39.7	28.7	18.7	15.4	11.9	9.7	7.3	7.0	5.7	5.3	4.8

* Longueur à la fourche: distance entre le bout du museau et l'extrémité du rayon central de la nageoire caudale.

TABLEAU 6.13

Importance des vitamines dans la nutrition des poissons

Données tirées des ouvrages de Leitritz Earl (1976), Roberts R.J. (1974) et Louchet Cl. (1961)

Vitamines	Caractéristiques	Symptômes d'une déficience

A	— Soluble dans les gras
	— Retrouvée surtout dans les graisses animales
	— Importante pour la croissance
	— Présente dans l'huile de foie de morue
		— Diminution et arrêt de la croissance
		— Affaiblissement de la vue et troubles nerveux
		
		P.S.: Si trop de cette vitamine:
		  — Cirrhose du foie
		  — Hémorragie au niveau des yeux
		  — Désordre nerveux

B	— Complexe de plusieurs vitamines d'origine végétale — Soluble dans l'eau	— Lésions à la peau — Problèmes digestifs — Problèmes nerveux
B$_1$ (Thiamine)	— Très importante pour la truite. — Soluble dans l'eau P.S.: Dans le hareng, la thiaminase détruit la thiamine P.S.: Si une vitamine est soluble dans l'eau, un excès n'est pas problématique car l'élimination est facile	— Faible appétit — Perte de poids — convulsions nerveuses — Foie pâle — Dégénération du cerveau — Perte de la vue
B$_2$ (Riboflavine)	— Soluble dans l'eau — Action importante sur le système nerveux et nutritionnel	— Problèmes visuels — Poissons de coloration sombre — Anémie prononcée — Perte d'appétit
B$_6$ (Pyridoxine)	— Soluble dans l'eau — Vitamine utile pour la croissance	— Désordre nerveux — Taches claires au foie — Anémie — Oedème au niveau de la cavité du péritoine: le ventre devient ballonné.
B$_{12}$	— Soluble dans l'eau — Vitamine essentielle et très importante — Présente dans la farine de poisson	— Perte d'appétit — Troubles sanguins — Taux d'hémoglobine bas
C (Acide ascorbique)	— Soluble dans les gras — C'est un agent important pour la prévention des maladies	— cartilage altéré, scoliose, lordose (déviation de la colonne vertébrale). — Hémorragie du foie, aux reins et possiblement à l'intestin — Lésions aux yeux

184

Vitamines	Caractéristiques	Symptômes d'une déficience
D (Calciférol)	— Soluble dans les gras — Vitamine antirachitique — Rôle important pour fixer le calcium et le phosphore au niveau des os — Présente dans les huiles d'origine végétale et animale	— Malformation — Croissance lente — Anémie
E	— Vitamine de la reproduction — Importante dans la digestion des graisses — Soluble dans les gras — Un excès s'élimine facilement par l'intestin	— Stérilité — Croissance lente — Anémie
K	— Assure la coagulation sanguine — Soluble dans les gras	— Hémoragie — Croissance lente — Anémie
Acide Pantothénique	— Soluble dansl'eau	— Perte d'appétit — Affaiblissement des poissons — Problèmes aux branchies (fusion des lamelles branchiales)
Inositol	— Soluble dans l'eau	— Faible croissance — Lésions à la peau — Estomac agrandi — Nageoires dégénérées
Biotine	— Soluble dans l'eau — Agit sur la nutrition	— Anémie — Faible croissance — Perte d'appétit — Coloration noirâtre
Acide folique	— Soluble dans l'eau — Rôle dans la formation de l'hémoglobine	— Anémie — Coloration sombre — Faible croissance
Niacine ou vitamine nicotinique	— Empêche des ralentissements de croissance — Soluble dans l'eau	— Gonglement — Problèmes branchiaux — Faible croissance — Peau noire — Mouvements musculaires non coordonnés
Choline	— Importante pour l'utilisation des graisses	— Hémoragie au niveau du foie, du rein et des intestins — Dégénérescence graisseuse du foie — Croissance lente

TABLEAU 6.14

Quelques maladies rencontrées dans les stations piscicoles à Salmonidés, leurs causes, leurs symptômes, les techniques de prévention et de traitement

(Données tirées des ouvrages de Christenseen N.O. 1968, LEITRITZ, Earl 1976, NARD, J. 1960, ARIGNON Jacques 1968, et HUET, Marcel 1972).

N.B.: Si après cinq à six jours, la perte de sujets atteint les 10%, consultez immédiatement un spécialiste dans les maladies du poisson (Ichtyopathologiste). Ne jamais donner un traitement sans qu'un spécialiste vous ait enseigné la technique.

Spécimens attaqués par la maladie	Nom de la maladie	Causes de la maladie	Symptômes de la maladie	Prévention de la maladie	Traitement de la maladie
Différents Salmonidés d'élevage (alevins, fretins, adultes)	Lésions corporelles externes et internes (facilitent l'implantation du champignon et autres maladies).	Manipulation trop brusque.	— poisson isolé — ne mange plus — blessures externes visibles	Éviter de brusquer le poisson durant le frai (pour les adultes), et autres manipulations. (comptage, pesage, transfert, etc...)	— Placer le poisson dans un milieu bien oxygéné — traiter les lésions externes (bleu de méthylène, saumure, vert de malachite)
Oeufs fécondés en développement.	Développement anormal des oeufs	— malformation congénitale — chocs aux oeufs au début de l'incubation — manque d'oxygène durant l'incubation ou le transport — mauvaise nutrition des géniteurs	— anomalies lors du développement et l'éclosion des oeufs	— prévention des chocs aux oeufs durant l'incubation (surtout au début) — prévention de tout manque d'oxygène durant le transport et l'incubation. — bonne régie des géniteurs	Élimination des spécimens anormaux
— oeufs fécondés ou non — alevins — fretins — adultes	Saprolegniose (mousse) (Mycoses)	— eaux riches en matières organiques favorisant le développement du champignon: *Saprolegnia*, sp.	— développement de taches ouateuses grises blanches ou légèrement brunâtres. (semblables à du velours)	— prévenir les blessures — éviter d'affaiblir le poisson — prévenir les mises en charge trop élevées — filtrer l'eau si nécessaire	— Vert de malachite: 2 à 4 ppm. durant une (1) heure. N.B.: Vérifier le comportement du poisson et augmenter le débit, en cas de besoin. (aérer durant le traitement)

Stade	Maladie	Symptômes	Cause	Prévention	Traitement
— Alevins vésiculés, (arc-en-ciel et omble moucheté)	Hydropisie du sac vitellin («blue sac disease»)	— sac lourd empêchant le poisson de se déplacer. — reflet bleuâtre du sac vitellin — accumulation d'un liquide bleu dans les parois du sac vitellin — élargissement au sac-vitellin	mauvaise condition d'élevage (NH_3 etc.) manque d'O_2	— bien oxygéner les oeufs en développement — prévention des manipulations brusques et des pressions trop élevées durant le transport — prévention des charges excessives d'oeufs par rapport au débit d'eau et au taux d'oxygénation	— Élimination du poisson pris de cette maladie — Augmentation du débit
Alevins vésiculés et alevins, (chez les salmonidés)	— embolie gazeuse («gaz bubble disease»)	— le poisson se tient la tête vers le haut ou le bas — bulle d'air sous la machoire — ouies rouges, nage sur le côté	— problème d'échage gazeux — excès d'azote, de gaz carbonique ou d'air dans l'eau	— faire couler l'eau à l'air libre — enlever le surplus de gaz par brassage ou aération artificielle	— placer le poisson dans un bassin plus éloigné de la source d'alimentation — sectionner l'eau d'alimentation.
— Alevins et jeunes fretins (salmonidés en général)	— Costiose	— anémie — dépérissement général — taches blanches bleuâtres sur la peau — grosse tête, corps fin efflanqué — cherchent à respirer en surface	*Costia necatrix* protozoaire flagellé fixé sur les ouies, la peau et les nageoires du poisson	— ne pas trop tasser le poisson — lui donner une nourriture bien équilibrée — éviter tout «stress» au poisson	— Bain de formol du commerce: 1 cc. par gallon d'eau (4.54 litres) durant une heure; eau arrêté de préférence N.B.: Vérifier le comportement du poisson et augmenter le débit, en cas de besoin. aérer durant le traitement
Surtout chez la mouchetée	Nécrose pancréatique infectueuse (I.P.N.)	— nage en spirale — déplacements rapides et désordonnés — foie et rate pâles — fluide rougeâtre sortant de l'anus — les spécimens les plus beaux meurent souvent les premiers	— Virus, (apparaît généralement à une température supérieure à 50° (10°) et très souvent en haut de 55° F (12.8° C). — surtout chez les jeunes alevins qui commencent à s'alimenter.	— ne pas trop tasser le poisson. — nutrition bien balancée — prévention de tout «stress» pour le poisson — eau abondante et de qualité — se procurer des oeufs sains non porteurs du virus de l'I.P.N.	— Détasser le poisson — Enlever et incinérer les sujets atteints — désinfection du matériel de pisciculture — Éviter de propager la maladie

Spécimens attaqués par la maladie	Nom de la maladie	Causes de la maladie	Symptômes de la maladie	Prévention de la maladie	Traitement de la maladie
Alevins, fretins et adultes	Avitaminose	— manque de vitamines — mauvaise qualité des aliments	— comportements anormaux — troubles internes variés	donner une nourriture complète et bien balancée en vitamines — utiliser des moulées fraîches	— Ajouter des vitamines à la nourriture
— Fretins et adultes	Nécrose des nageoires («fin rot»)	plusieurs types de bactéries possibles (*Aeromonas* sp. etc...)	— pourriture des nageoires et des tissus par la suite	— traiter le poisson dès que la maladie a été constatée — bonne nutrition	— bain de sel (NaCl) — bain de formol (1cc. par gallon d'eau (4.54 litres), durant une heure; eau arrêtée de préférence, (aérer durant le traitement)
— alevins (surtout chez les avelins de salmonidés)	maladie bactérienne des ouïes («bacterial gill disease»)	— Infection des ouïes causée par une myxo-bactérie	— pas d'appétit — ouïes enflés rouges et plus foncés que d'habitude	— traiter le poisson au début de la maladie avec du formol	N.B.: Vérifier le comportement du poisson et augmenter le débit, en cas de besoin (aérer durant le traitement)
Fretins et adultes	Entérité	— mauvaise alimentation — déséquilibre au niveau du système digestif	— un fluide jaune rougeâtre s'échappe de l'anus; intestin rouge	— alimenter le poisson avec une nourriture saine bien vitaminée	— surveiller l'alimentation et la restreindre au besoin

TABLEAU: 6.15

Transport du poisson dans des récipients hermétiques et non hémertiques; température de l'eau inférieure à 10° C ou 50° F. (Inspiré d'une publication de L. Hansen, 1980).

A-/ Quantité maximum de poisson à placer dans un récipient de transport **fermé hermétiquement** (sac de polyéthylène).

Taille du poisson		Durée du transport en heures		
Pouces	Centimètres	1	12	24
3.0	7.5	100 g/l. ou 1 lb/gal. imp.	75 g/l. ou 0.75 lb/gal. imp.	50 g/l. ou 0.5 lb/gal. imp.
	Alevins vésiculés	50 g/l. ou 0.5 lb/gal. imp.	40 g/l. ou 0.4 lb/gal. imp.	30 g/l. ou 0.3 lb/gal. imp.

B-/ Quantité maximum de poisson à placer dans un coffre de transport **(non fermé hermétiquement)** avec système de diffuseur et d'agitateur (O_2 à saturation).

Taille du poisson		Durée du transport en heures	
Pouces	Centimètres	Moins de 6 hres	Plus de 6 hres
3.2	8	100 g/l ou 1 lb/gal. imp.	50 g/l ou 0.5 lb/gal. imp.
6.0	15	190 g/l ou 1.9 lb/gal. imp.	85 g/l ou 0.8 lb/gal. imp.
10.0	25	315 g/l ou 3.1 lb/gal. imp.	157 g/l ou 1.5 lb/gal. imp.

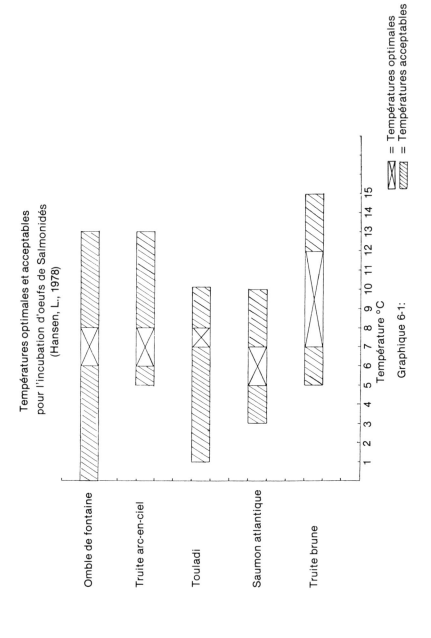

Températures optimales et acceptables
pour l'incubation d'oeufs de Salmonidés
(Hansen, L., 1978)

Graphique 6-1:

⬚ = Températures optimales
▨ = Températures acceptables

Quelques types d'incubation
(Inspiré de Hansen, L., 1978 et Arringnon, J., 1968)

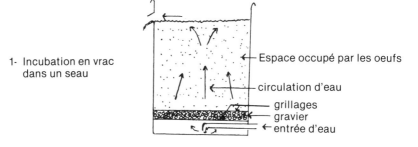

1- Incubation en vrac dans un seau

Espace occupé par les oeufs

circulation d'eau

grillages
gravier
entrée d'eau

2- Incubation dans un incubateur californien avec courant d'eau oblique de bas en haut (claie à l'horizontale)

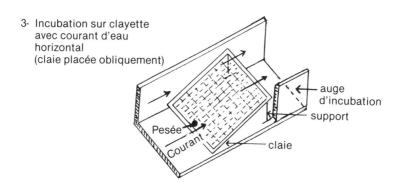

Courant d'eau

3- Incubation sur clayette avec courant d'eau horizontal (claie placée obliquement)

auge d'incubation
support

Pesée
Courant
claie

Croquis 6-1

Fig. 6-1 — *Auges servant à l'incubation (Station Piscicole Aulnaies-Sous-Bois) Saint-Féréol des Neiges, Qué.*

Fig. 6-2 — *Bassins circulaires utilisés pour l'élevage de la truite (Station piscicole de Baldwin, Cantons de l'Est, Ministère du Loisir et de Chasse et Pêche, Québec).*

Fig. 6-3 — *Bassin rectangulaire en béton (Station piscicole de Saint-Mathieu, Abitibi, Québec).*

Fig. 6-4 — *Bassin genre étang de ferme (Station piscicole de Saint-Modeste, Québec).*

Fig. 6-5 — *Oeufs embryonnés reposant sur une claie d'incubation (Photographie: Jean-Pierre Sabourin, biologiste).*

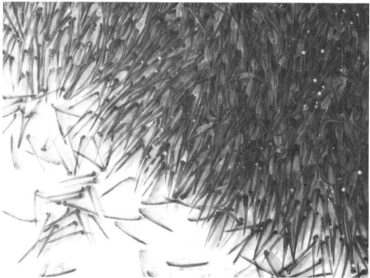

Fig. 6-6 — *Jeunes alevins vésiculés de Salmonidés fraîchement éclos (Photographie: Jean-Pierre Sabourin, biologiste).*

194

Fig. 6-7 — *Nourrissage du poisson à l'aide d'un appareil automatique de marque Garo (Station piscicole du Mont Sutton, Québec).*

Fig. 6-8 — *Protection du poisson contre les prédateurs (Station piscicole de Tadoussac, Gouvernement du Québec, M.L.C.P.).*

195

Fig. 6-9 — Calibrage du poisson (Station Piscicole, Saint-Mathieu, Abitibi, Québec).

Fig. 6-10 — Transport du poisson dans un sac de polyéthylène (Station piscicole de Baldwin, M.L.C.P., Québec).

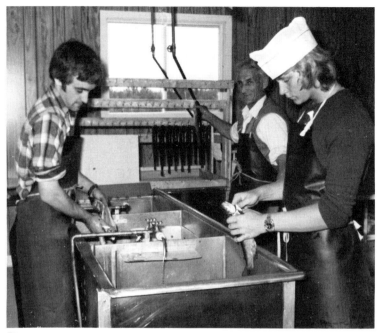

Fig. 6-11 — Nettoyage du poisson pour la mise en marché (Pisciculture Saint-Mathieu, Abitibi, Québec).

Chapitre VII

PÊCHE DE QUELQUES SALMONIDÉS ET MESURES DE CONSERVATION

N'étant qu'un simple amateur de pêche, nous n'avons pas la prétention de conseiller à fond le pêcheur. Les quelques conseils prodigués découlent du mode de vie des poissons, d'une certaine expérience sur le terrain et de la consultation de pêcheurs très expérimentés.

A) L'OMBLE DE FONTAINE, *Salvelinus fontinalis* (Mitchill)

I — Où, quand et comment le capturer?

On doit d'abord connaître ses habitudes. Sachant qu'il recherche une eau de 50°F à 60°F, ou de 10°C à 15°C, il ne reste plus qu'à le repérer. Certains sportifs y arrivent par expérience, d'autres à l'aide d'instruments.

Tôt le printemps, on capture ce poisson surtout près du rivage. C'est à cet endroit où l'eau se réchauffe le plus rapidement, à la fonte des neiges; la nourriture naturelle s'y développe très tôt. Ces zones productrices de plancton, nourriture naturelle, attirent l'omble de fontaine.

Ce poisson mord beaucoup plus au printemps, car il est très affamé, après avoir jeûné durant la saison hivernale. À la fin du mois de juin et en juillet, les eaux se réchauffent; la nourriture étant plus abondante, il est donc normal que les prises soient plus rares.

Le poisson se délecte de larves et d'insectes adultes; il se gave également de nombreux crustacés, lesquels sont partiellement responsables de la belle coloration rosée de bien des ombles de fontaine.

En juillet, durant le jour, on capture souvent les plus beaux spécimens dans les fosses à eaux froides. Le soir, les ombles de fontaines quittent les fosses pour trouver leur nourriture plus près du rivage. On aperçoit très souvent, au soleil couchant, un pêcheur expérimenté lancer sa mouche près du rivage à partir d'une embarcation, située plus au large. Il connaît les déplacements du poisson.

Avant la fin de la pêche, en août, ce poisson mord souvent plus qu'en juillet. L'eau commence à se refroidir; il a tendance à quitter les fosses pour s'approcher des frayères. À cette époque de l'année, la pêche en rivière est très populaire.

Certains pêcheurs préfèrent capturer ce poisson au lancer léger ou à la traîne. D'autres n'emploient que des mouches artificielles.

On ne peut rejeter une méthode de pêche proprement dite. Ce qui importe, c'est de les employer en temps opportun.

Au printemps, le lancer léger est également très efficace. Plus tard, durant la saison, la pêche à la mouche est préférable.

Certaines organisations permettent uniquement la pêche à la mouche. On considère que cette restriction entraîne une sélection, car certains spécimens mordent rarement à la mouche. Notons, cependant, qu'un tel règlement a de bons côtés; il assure des géniteurs pour la reproduction.

Les sortes de mouches utilisées varient énormément. Cependant, si nous demandons à un pêcheur expérimenté de nous nommer la mouche la plus efficace pour capturer l'omble de fontaine, il nous répondra le plus souvent que c'est la «Dark Montréal» qui donne les meilleurs résultats.

II — Techniques de conservation des captures

On peut garder le poisson vivant, en le plaçant dans un panier grillagé qu'on attache près de la chaloupe.

Si on désire le tuer, il est préférable de le faire tout de suite après la capture. Ensuite, on conseille de le placer immédiatement dans un panier à pêche, où l'on a déposé quelques plantes vertes, telles que fougère, mousse, pour en conserver la fraîcheur.

Si une partie de pêche dure plusieurs jours, on recommande de nettoyer le poisson le plus rapidement possible, après sa capture, et d'éviter les lavages inutiles. On le conserve assez frais durant quelques jours, en l'entourant de glace. En l'absence de celle-ci, ce Salmonidé se conserve de quatre à six jours, assez facilement, de la façon suivante: on place une rangée de fougère et de mousse dans le fond d'une chaudière, on la recouvre d'une rangée de poissons bien nettoyés, puis, on ajoute une autre rangée de fougère, une autre rangée d'ombles et ainsi de suite. On place, également, quelques feuilles de fougère à l'intérieur de chaque poisson.

Pour qu'il se conserve bien, on dépose le récipient fermé dans une source d'eau froide, où la température se tient entre 45°F et 50°F, ou 7.2°C et 10°C. Il ne faut pas que l'eau pénètre dans le récipient. Si vous désirez du poisson encore plus frais, il est possible de le congeler immédiatement, même sans congélateur. La glace sèche ou carbonique est disponible chez les vendeurs de gaz en bombonne. Pour quelques dollars, vous en aurez pour une semaine. On enveloppe la glace sèche dans un papier journal. On la place ensuite, dans une boîte bien isolée. La truite, déposée près du bloc de glace, congèle après quelques minutes. Ayez soin, toutefois, de ne pas placer le poisson directement en contact avec la glace sèche pour en prévenir la déshydratation. Ce procédé est avantageux car, lorsque la glace fond, il n'y a pas de liquide qui s'en dégage. Le gaz carbonique passe directement de l'état solide à l'état gazeux.

Pour bien conserver le poisson à domicile durant plusieurs mois, il est préférable de le congeler dans l'eau. De cette façon, il n'est pas en contact avec l'air. Une autre technique consiste à le déposer dans un récipient hermétique, en expulser l'air par succion et le congeler par la suite. Si le poisson congelé est laissé directement à l'air libre, certains de ses corps gras s'oxydent et deviennent rancis. Un délicieux omble de fontaine prend vite le goût d'un hareng défraîchi.

III — Les efforts pour conserver ce poisson

Plusieurs organisations s'intéressent à l'omble de fontaine. On l'élève artificiellement dans des centres de pisciculture dans le but d'ensemencer les lacs, les étangs et les cours d'eau.

Pour améliorer sa nourriture, ses migrations et sa reproduction, on aménage des abris artificiels, des passe-migratoires et des frayères. De plus en plus, on construit des lacs artificiels pour la pêche à l'omble de fontaine. Grâce à ce genre d'aménagement, le sportif peut enfin posséder son propre lac, ensemencé de belles truites.

B) LE TOULADI, *Salvelinus namaycush*

I — Où, quand et comment le capturer?

En étudiant les moeurs de ce poisson, on peut avoir une idée assez précise des endroits où le trouver. Sachant qu'il recherche les eaux entre 40°F et 50°F, ou 4°C et 10°C, il est certain, au départ, qu'on a pas grand chance de le capturer en été dans les faibles profondeurs, où la température est souvent supérieure à 60°F, ou 15.6°C, sauf dans les régions nordiques.

Au printemps, après le départ des glaces, il est possible de capturer ce magnifique poisson en faible profondeur. On réalise souvent des prises intéressantes au lancer léger et même à la mouche.

Lorsque l'eau commence à se réchauffer, à la mi-juin, le touladi émigre vers les bas-fonds. Il peut quand même, à l'occasion, surtout durant la nuit, quitter temporairement les profondeurs pour aller se régaler, par exemple, de quelques malheureux meuniers ou perchaudes mal abrités.

Durant la saison chaude, il se tient dans les fosses, où les profondeurs dépassent les cinquante pieds, ou 15.24 mètres.

Les engins de pêche utilisés pour capturer le touladi sont des plus diversifiés. Certains sportifs préfèrent un équipement très résistant, telle une ligne métallique et une solide canne à pêche munie d'un moulinet à toute épreuve; d'autres, au contraire, ont un véritable plaisir à capturer ce poisson avec un équipement très léger. Plusieurs pêcheurs se servent de cuillers, d'autres l'attirent avec des chapelets.

Les appâts vivants sont aussi très populaires. Nous avons souvent rencontré des spécialistes de la pêche au touladi, lors de concours de pêche. Il existe deux appâts vivants recherchés par bien des sportifs; ce sont le corégone, appelé régulièrement poisson blanc, et le meunier, appelé catostome, et, à tort, carpe ou goujon.

II — Tient-on à conserver ce Salmonidé au Québec?

Ce poisson a suscité et suscite toujours beaucoup d'intérêt. Bien des biologistes et des naturalistes ont étudié son mode de vie. Il y a eu, dans plusieurs cours d'eau, des passe-migratoires aménagées pour faciliter ses déplacements. Certaines stations piscicoles gouvernementales et établissements privés l'élèvent au Québec dans le but de l'ensemencer dans les lacs. Il est important de continuer le travail commencé. Le touladi est un poisson délicieux qui contribue, à sa façon, à la richesse du Québec.

C) LE SAUMON D'ATLANTIQUE, *Salmo Salar*

I — Où, quand et comment le capturer?

Le saumon d'Atlantique est pêché en rivière à l'aide de mouche artificielle. La réglementation de sa pêche permet uniquement cette technique de capture.

Il existe deux techniques de pêche à la mouche; l'utilisation de la mouche noyée et celle de la mouche sèche et flottante.

La mouche noyée est populaire, surtout au début de la saison de pêche, alors que les eaux sont froides et hautes. Lorsque l'eau est basse et qu'elle s'est réchauffée, le saumon est plus difficile à capturer. On utilise alors un leurre plus efficace. C'est à cette période de l'année que plusieurs pêcheurs favorisent la mouche sèche.

II — Tient-on à conserver ce Salmonidé au Québec?

Cette espèce est assez protégée et la réglementation de plus en plus sérieuse.

Les biologistes poursuivent régulièrement l'inventaire des rivières à saumon et appliquent différentes formes d'aménagement. On élève des jeunes saumons qui servent au repeuplement de nos rivières. Des passe-migratoires ont été aménagées à différents endroits pour faciliter leur migration. Des fosses artificielles ont été creusées dans différentes rivières. On prévient de plus en plus les problèmes de pollution et de dégradation de l'habitat du saumon, causés par l'industrie, les concentrations urbaines et la culture des fermes.

Des ententes ont été conclues dans le but de diminuer les captures par la pêche commerciale dans la mer froide du Groënland, un des principaux secteurs d'engraissement de cette espèce. Il est à espérer que le Québec conservera longtemps ce poisson combatif, délicieux et très apprécié des sportifs.

Fig. 7-1 — *Magnifique touladi capturé dans le lac Mégantic (Québec).*

Fig. 7-2 — *On a entouré ces truites de neige et de glace, pour mieux les conserver.*

CONCLUSION GÉNÉRALE

Le but de cet ouvrage était de renseigner les naturalistes et de souligner aux pêcheurs la complexité de l'aménagement des lacs et des cours d'eau en vue de les rendre plus productifs en truites, ombles ou saumons. Des milliers de dollars sont dépensés annuellement pour aménager certaines nappes d'eau, sans aucune étude antérieure. La plupart des ensemencements sont réalisés à l'aveuglette. Les captures sont plus ou moins enregistrées et, d'année en année, la pêche diminue dans plusieurs territoires, sans en connaître avec certitude la raison.

Suite aux dégâts causés par certaines pollutions, les sportifs doivent, pour ne pas revenir bredouille, fréquenter des régions de plus en plus éloignées, ou encore des centres de pêche de truites d'élevage, à proximité des villes.

Certains organismes sont de plus en plus conscients de renseigner les naturalistes et les amateurs de pêche sur les différentes techniques de conservation et de repeuplement des Salmonidés.

Le Ministère du Loisir, de la Chasse et de la Pêche ainsi que celui de l'Agriculture, des Pêcheries et de l'Alimentation ont publié quelques ouvrages vulgarisés dans le domaine des eaux douces. Cependant, il y a beaucoup à faire. De temps à autre, des émissions télévisées, dans le domaine des eaux douces, renseignent les québécois. Certaines revues contribuent aussi à sensibiliser les québécois à l'importance d'exploiter ou d'utiliser sainement leurs ressources fauniques aquatiques. Il se peut que cet ouvrage, à cause de sa vulgarisation poussée à l'extrême, ne soit pas à la hauteur des «scientifiques». Dommage, il n'était pas écrit pour eux, car il existe déjà d'excellents traités piscicoles scientifiques. L'auteur le voulait d'un langage simple et à la portée de tous.

Bonne pêche à tous.

PIERRE L. LANDRY, Biologiste-agronome

BIBLIOGRAPHIE

ALBERTSON, M.L., BARTIN, J.R., SIMON, D.B., 1960;
Fluid mechanics for ingeneers, Newmark Prentice-Hall,
564 p.

AMERICAN FISHES AND U.S.
Trout News U.S Trout farmers Association, 67 West, 9000,
Sandy, Utah 84070 U.S.A.

AMERICAN FISHERS AND U.S
Trout News Report, 1972. **Nitrogen supersaturation lethal
to fish.** September-October, vol. 16, no. 3.

AMERICAN PUBLIC HEALTH ASSOCIATION, 1975.
**Standards methods for the examination of water and
wastewater.** 1015 Eitheenth Street, N.W., Washington, D.C.
20036, Fourteenth Edition, 1138 p.

AMLACHER, Erwin, 1970.
Textbook of fish diseases. Jersey City, N.J. T.F.H. Pulb.
Inc., 302 p.

ANDERSON, Jack and all, 1975.
Wild trout management. Trout Unlimited Inc. and U.S.
Department of interior.

APPLIED BIOCHEMISTS, Inc., 1976.
How to identify and control water weed and algae, Library of congress no. 76 — 3294, Applied biochemists, Inc., 5300, West Country Line Road Mequon, U.S.A. Wisconsin, 53092, 64 p.

ARRIGNON, Jacques, 1976.
Aménagement écologique et piscicole des eaux douces. Gauthier-Villars, Bordas, Paris, 320 p.

ARRIGNON, Jacques, 1968.
Aménagement piscicole des eaux intérieures. S.E.D.E.T.-E.C.S.A., Éditeurs 10, rue d'Isly, Paris 8e, 643 p.

BACHELIER, G., 1963.
La vie animale dans les sols. Éd. O.R.S.T.O.M. Paris, 279 p.

BORDACK, John E., RUTHER, J.H., and McHARNEY, W.O., 1972.
Aquaculture. The farming and husbandry of freshwater and marine organisms. Wiley, Interscience, Toronto, 868 p.

BENNETT, George William, 1970.
Management of lakes and ponds. N.Y., U.N.R., 375 p.

BERGERON, Jacques F., 1974.
Le déclin écologique des lacs et des cours d'eau des Laurentides. Éditions Parti Pris, Montréal, 160 p.

BERGERON, R., 1970.
Signification écologique des conditions physiques, chimiques et biologiques des ruisseaux. Service de la faune du Québec, Bull: no. 5, 427 — 430 p.

BERTRAND, Michel, BOIVIN, Paulin, TREMBLAY, Yves, 1971.
Les poissons d'eau douce du Québec. Lidec, Inc., 1083 Van Horne, Montréal 154, Québec. 129 p.

BLAIS, Jean-Paul, LEGENDRE, Vianney, 1976.
La ouananiche, *Salmo salar,* **du lac Tremblant.** Québec.
Gouvernement du Québec, Ministère du Tourisme, de la
Chasse et de la Pêche, Service de l'Aménagement de la
Faune et de la Recherche Biologique, Québec, 102 p.

BONNEFOUS, Édouard, 1970.
L'homme ou la nature? Librairie Hachette, Éditions J'ai lu;
441 p.

BORN, Stephen M., WERTH, Thomas L., PETERSON, James
O., WALL, Peter J. Stephenson, DAVIS, A., 1973.
Delutional pumping at Snake Lake, Winconsin. Technical
Bulletin no. 66, Department of Nature Resources, Madison,
Wisconsin.

BOUCHARD, Paul, 1964.
L'aménagement du parc des Laurentides. Rapport no 3.
Travaux en cours en 1963. Service de la Faune du Québec,
Ministère du Tourisme, de la Chasse et de la Pêche, Pro-
vince de Québec, 48 p.

BOULANGER, Yves, 1978.
La pisciculture québécoise, Vol. 2, no.3, Septembre 1978.
C.P. 100, St-Philémon, Cté Bellechasse, Québec, Canada.

BULLETIN FRANÇAIS DE PISCICULTURE. 14, Avenue de
Saint-Mandé., Paris (XXe), France.

BURNAND, T., et GUYARD, H., 1957.
Aménagement et repeuplement des eaux à truites. Éditions Pezon et Michel, Illustré, 88 p.

BURNS, James W., 1972.
**Some effects of logging ans associated road construction
on Northern California streams.** January. Transactions of
the American Fisheries Society. Vol. 101, no. 1.

BUSSEY, Gene R., 1972.
How to grow trout in your backyard. Albuquerque, N.M. Life Support Systems, Inc., 80 p.

COMMERCIAL FISH AND AQUACULTURE NEWS, (The), P.O. Box 2451,
Little Rock, Arkansas 72203, U.S.A.

CARLENDER, Kenneth Dixon, 1969.
Handbook of freshwater fishery biology. Ames States University, 720 p.

CHAMBERLAND, Michel, 1966.
La pêche au Québec, Les Éditions de l'Homme, 1130 Est, de la Gauchetière, Montréal 132, 350 p.

CHRISTENSEN, N.O., 1966.
Maladies des poissons. Syndicat des Pisciculteurs Salmoniculteurs de France, 28, rue Milton, Paris (IX), France, 97 p.

CLAY, C., 1961.
Design of fishways and other fish facilities including fish locks fish elevators, fences and barrier dams, fish screens ans artificial spawning channels. Ottawa, Ministère des Pêcheries, 301 p.

COLAS, René, 1973.
La pollution des eaux. Que Sais-je? Presses universitaires de France, 108 boulevard Saint-Germain, Paris. no. 983, 126 p.

COLE, Gérald A., 1975.
Textbook of limnology. The C.V. Mosby Company, Saint-Louis, U.S.A., 283 p.

CÔTÉ, Yvon, 1976.
Faune du Québec, le saumon. Ministère du Tourisme, de la Chasse et de la Pêche, Gouvernement du Québec, Brochure no. 2, 8 p.

COMITÉ TECHNIQUE DE BASSIN DE LA RIVIÈRE DU NORD, Gouvernement du Québec, 1972. **Projet d'aménagement des eaux de la rivière du Nord.** Décembre, 60 p.

CUERRIER, J.D., 1951. **The use of pectoral fin rays for determining age of sturgeon and other species of fish.** Can. Fish. Cult., II: 10-18 p.

DAJOZ, Roger, 1971. **Précis d'écologie.** Dunod, Paris, 434 p.

DAVIS, J.C., 1975. **Minimal dissolved oxygen requirements of aquatic life with emphasis on canadien species.** J.F. R.B.C. 32; 2295-2332 p.

DAVIS, H.S., 1965. **Culture and diseases of game fishes.** Fourth printing. University of California Press, Berkeley and Los Angeles, California, U.S.A., 332 p.

DEYGLUN, Serge, 1972. **La pêche sportive au Québec.** Éditions du Jour, 1651, rue Saint-Denis, Montréal 129, 267 p.

DUBÉ, Jean-Paul, 1972. **Dernière chance du saumon.** Les éditions Laliberté, Québec, 234 p.

DUBOIS, A., 1967. **Âge et croissance de la touladi, *Salvelinus namaycush* du Lac Mistassini, Québec.** Thèse de Maîtrise, Université Laval, 66 p.

DUBOIS, A. et LAGUEUX, R,M 1968. **Étude comparée de l'âge scalaire et de l'âge otolithique de la touladi, *Salvelinus namaycush*.** Lac Mistassini, Québec.

DUFOUR, M., 1962.
La détermination de l'âge des poissons. Travail en vue de l'obtention du grade de B. ès. Sc. p. U.L., 67 p.

DUIJN, C. Van, 1967.
Diseases of fishes. London, Gliffe, 209 p.

DU PONTAVICE, Emmanuel, 1968.
La pollution des mers par les hydro-carbures. Tome XV, R. Pichon et R. Durand-Auzias, Paris, 142 p.

DUSSART, Bernard, 1966.
Limnologie, l'étude des eaux continentales. Paris, Gauthier-Villars, 677 p.

DWIJIN, C. Van, 1973.
Diseases of fishes. Springfield 2nd. C.C. Thomas London, 372 p.

ECOLOGICAL RESEARCH SERIES, 1973.
Water quality criteria. Environment Studies Board, National Academy of Sciences, Washington, D.C.

EDMONDSON, Walle Thomas, 1959.
Fresh water biology. N.Y. Wiley, 248 p.

EHRLICH, Paul R. et Anne H., 1970.
Population, ressources environment. W.A. Freeman and Company, 383 p.

ELLIOT, J., AZZARIA, L.M., BARBEAU, A.,
Dossier-mercure, de Minamata à Matagami. Les publications Plein Air, 157 p.

EMERSON, K, RUSSO, R.C., LUND, R.E. et THURTON, R.V., 1975
Agueous ammonia equilibrium calculations: effect of pH and temperature, J.F. R.B.C. 32; 2379-2383 p.

EVERHART, W.H., EIPPER, A.W., et YOUNGS, W.D., 1975.
Principles of fishery science. Comastock Publishing Associates, a Division of Cornell University Press. Ithaca, New-York, and London. 288 p.

FASSETT, Norman C., 1972.
A manual of aquatic plants. The University of Wisconsin Press. Wisconsin, 405 p.

FISHERIES RESEARCH BOARD OF CANADA, 1960.
Aquatic pollution studies. Ottawa, 973 p.

FLICK, William A., 1976.
Stream management of salmonids trout. Volume 17, no. 1, Winter 1976, Special issue. 4260 E. Evans, Denver, CO. 80222, 2-31 p.

FORT, R.S. and RICHARD, Seymour, 1961.
Fishery management. London, Faber and Faber, 398 p.

FROST AND SULLIVAN, Inc., 1974.
Fish farming in the U.S.A.., New-York, 199 p.

FROST, W.E., 1967.
The trout. London, Collins, 286 p.

GEBHARDT, Louis-P., 1970.
Microbiology of water and sewage. The C.V. Mosby Company, Saint-Louis, U.S.A., 140-149 p.

GOLDSWITH, E., ALLEN, R., ALLABY, M., ARVULL, J., LAWRENCE, S., 1972.
Changer ou disparaître. Fayard, 158 p.

GREENBERG, David B., 1960
Trout farming. First Édition, Ambassador Books, Ltd, Toronto, Canada.197 p.

HANSEN, Lars, 1978.
Cours présenté aux pisciculteurs québécois sur l'incubation. Non publié.

HANSEN, Lars, 1978.
Quelques conseils sur les oeufs embryonnés., La piscicul-
ture québécoise, Volume 2, no. 4, C.P. 100, St-Philémon,
Cté Bellechasse, Québec, Canada. 8 p.

HANSEN, Lars, 1979.
Exposé présenté à des ingénieurs québécois sur la pisciculture. Non publié.

HICKLING, Charles Frederick, 1968.
Fish culture., London, Faber and Faber, 295 p.

HICKLING, Charles Frederick, 1968.
The farming of fish. Oxford, New-York, Pergamon Press, 88
p.

HICKLING, Charles Frederick, 1971.
Fish culture, Faber and Faber Ltd, 317 p.

HOFFMAN, Glen L., 1967.
Parasites of North American fresh-water Fishes. Berkeley,
University of California, 486 p.

HRLICH, P.R., WOLM, R.W., BROWN, J.L., 1976.
Biology and Society. McGraw-Hill, Book Company. 564 p.

HUET, Marcel, 1970.
Traité de pisciculture. Éditions La Vie Rustique, 299, avenue Georges Henri, Bruxelles, Belgique, 718 p.

HUTTINSON, G.E., 1975.
Treatise on limnology. Vol. 3, Limnological Botany, John
Willery and Son, U.S.A.

JURAY, Holcik, JAZEF, Mihalih, 1969.
Poissons d'eau douce. Éditions La Farandole, 3, Cour du commerce, Saint-André, Paris VIe, 132 p.

JURDANT, M., 1976.
Les insolences d'un écologiste. Les Éditions du Boréal Express, Sillery, Québec, 81 p.

KOHEN, Elie, 1970.
La pollution de l'eau de surface d'origine agricole. Agriculture, Mars.

KLONTZ, Georges W., 1973.
Filsh health management. College of Forestry, Wildlife and Range Sciences, University of Idaho, 115 p.

KLONTZ, Georges W., 1973.
Syllabus of fish health management. College Statrin, Texas, Center of Marine Resources, 165 p.

LAGLER, Karl F., 1956.
Freshwater fishery biology. Brown Company, Publishers, 421 p.

LAGUEUX, Robert, 1950.
Étude sur les effets produits par l'introduction d'engrais dans le milieu lacustre. Thèse préparée et présentée à l'Université de Montréal, pour l'obtention d'une Maîtrise en Sciences Biologiques, Institut de Biologie, Université de Montréal.

LAMOTTE, M., et BOULIÈRE, F., 1971.
Problème d'écologie. L'échantillonnage des peuplements animaux des milieux aquatiques. Publication du P.B.I., Masson et Cie, Ed. Paris, 294 p.

LANDRY, Pierre-L., 1977.
Les lacs artificiels, Aménagement et exploitation piscicole. Les Éditions Laliberté, 3020, Chemin Ste-Foy, Québec 10, 146 p.

LARMOYEUX, J.D. and PIPER, R.G., 1973.
Effects of water reuse on rainbow trout in hatcheries. The Progressive Fish Culturist, 35 (1), 2-8 p.

LECLERC, Ed. I., 1966.
Livre de l'eau. Deuxième Édition. Éditions Cebedoc, Boulevard Frère Orbame, 3, 4000 Liège, Belgique, 5 vol.

LECLERC, Henri, 1969.
Microbiologie, Tome 11. Microbiologie de l'eau. Ed. Doin, Deren et Cie, Paris, 359-375 p.

LEGENDRE, Vianney, 1967.
Le saumon d'eau douce au Québec: le poisson d'intérêt sportif de l'avenir. Bulletin no 11, 40 p.

LEGENDRE, Vianney, 1954.
Clef des poissons de pêche sportive et commerciale de la Province de Québec. Les poissons d'eau douce, Tome 1, Société Canadienne d'écologie, Université de Montréal, (M.T.C.P.), 180 figs, 180 p.

LEIM, A.H., et SCOTT, W.B., 1972.
Poissons de la côte atlantique du Canada. Office de recherches sur les pêcheries du Canada, Bulletin no. 155, 116, rue Lisgar, Ottawa, Canada, 530 p.

LEITRITZ, Earl, 1976.
Trout and salmonid culture. California State, Dept. Fish Game, Fish, Bulletin no. 107, 197 p.

LE SAUTEUR, T., et CHAPUT, M., 1971.
Dossier-pollution. Éditions du Jour, Montréal, 264 p.

LIAO, Paul B., 1970.
Pollution potentiel of salmonid fish hatcheries. Water and Sewage works, 117 no. 8, 291-297 p.

LIAO, Paul B., 1971.
Water requirements of salmonids. Progressive fish culturist. 210-215 p.

LIAO, Paul B., 1971.
Water requirements of salmonids., Prog. Fish Cult; 38; 210-218 p.

LIND, O.T., 1974.
Handbook of common methods in limnology. The C.V. Mosby, Cy., Saint-Louis, 154 p.

LOUCHET, Claude, 1961.
La pisciculture salmoniculture. Imprimerie Yvert et Cie, 46, rue des Trois-Cailloux, Arnières, 225 p.

MACAN, T.T., 1974.
Parks and lakes. Crane Russak, and Co, Inc., N.York, 148 p.

MACMILLAN, H.R., 1969.
Symposium on salmon and trout in streams. Institute of fisheries, The University of British Columbia, Vancouver, 288 p.

MALDAGUE, Michel (Dr), 1969.
Objectifs et priorités en conservation de la nature. Symposium de la conservation. Montréal, 1er novembre 1969, 56 p.

MARSHALL, N.B., 1971.
La vie des poissons. La grande encyclopédie de la nature. Volume 8, Bordas, Paris, Montréal, 762 p.

McADAM, Paul B., 1971.
How to raise trout for fun and profit. Published in Livington, Montana, Gaterway Echo Office Supply C. and Callender Streets, Montana, U.S.A., 105 p.

McALLISTER, D.E., CROSSMAN, E.J., 1973.
Poissons de pêche sportive d'eau douce du Canada. Collection d'histoire naturelle, no. 1, Musées Nationaux du Canada, Ottawa, Ontario, 106 p.

McCOY, James W., 1969.
Chemical analysis of industrial water chemical. Publishing Company, New-York, 292 p.

MELANCON, Claude, 1973.
Les poissons de nos eaux. 4ième Édition, Les Éditions du Jour, 165, rue Saint-Denis, Montréal 219, 455 p.

MICHEL, Bernard, 1961.
Cours d'hydraulique appliquée. Les Barrages. Université Laval, Faculté des Sciences, Québec, 55 p.

MICHEL, B., et NADEAU, R., 1966.
Nouveau type de passe-migratoire. Ministère du Tourisme, de la Chasse et de Pêche, Québec, 26 p.

MITCHELL, R.E. et KIRBY, A.M. (Jr), 1976.
Performance characteristics of pond aeration devices. Protocole of the Annuel World Maricult Soc. 7; 561-581 p.

MINISTÈRE DU TOURISME, DE LA CHASSE ET DE LA PÊCHE, 1976.
Entre la mer et l'eau douce. L'Aquarium de Québec, Direction des Parcs, Gouvernement du Québec, 133 p.

MINISTÈRE DU TOURISME DE LA CHASSE ET DE LA PÊCHE, Service de la Faune, 1972.
L'aménagement intégré de la faune et de la forêt du Québec. Normes générales. Bulletin no. 16, Service de la Faune du Québec, 55 p.

MINISTÈRE DU TOURISME, DE LA CHASSE ET DE LA PÊCHE, (Séguin, L. Roch), 1972.
Étangs de pêche, construction et entretien. Bulletin no. 14, Service de la Faune du Québec, 28 p.

MITCHELL, D.S., 1974.
Aquatic vegetation and its use and control. Unesco, Paris, 135 p.

MONGEAU, Jean R., 1976.
Méthodes de pêche expérimentales, en eau douce, à l'usage du biologiste et du technicien de la faune. Gouvernement du Québec, Ministère du Tourisme, de la Chasse et de la Pêche, Service de la Faune, 83 p.

MOWDESLEY, Thomas, et LIONEL, E., 1972.
Diseases of Fish. London, Zoolical Sw., 380 p.

NARD, J., 1960.
Salmoniculture pratique. Guide pour un élevage d'amateur, Pref. Be R. Charzy, Paris, Maison Rustique, 70 p.

OGLESBY, Carlson, MCCANN, 1971.
River ecology and man. Proceeding of the International Symposium on River Ecology and the Impact. Academic Press 111, Fifth Avenue, N. York, 465 p.

OTIS, Maurice.
Guide to stream improvement. Information leaflet N.Y. State conservation dept. Division of Conservation education, 20 p.

PALMER, C. Mervin, 1962.
Algae in water supplies. Public Health Service. Publication no. 657, Washington.

PAQUET, Gilles, 1962.
Rapport préliminaire sur l'inventaire de la rivière Etchemin et de la rivière du Sud pour l'année 1962. Bulletin no. 20, Québec, Ministère du Tourisme, de la Chasse et de la Pêche, 43-57 p.

PAQUET, Gilles, 1964.
Travaux d'aménagement dans la rivière Etchemin, Comté de Bellechasse. Québec, Ministère du Tourisme, de la Chasse et de la Pêche, Bulletin no. 63, 37-58 p.

PAQUET, Gilles, 1963.
Aménagement d'une section de la rivière Etchemin effectué au cours de l'été 1963. Québec, Ministère du Tourisme, de la Chasse et de la Pêche, Bulletin no. 35, 103-109 p.

PAQUET, Gilles, 1967.
Aménagement d'un nouveau type de barrage dans la rivière Etchemin, Comté de Bellechasse. Ministère du Tourisme, de la Chasse et de la Pêche, 257-261 p.

PAQUET, Jean-Claude, 1972.
Méthode efficace et peu coûteuse pour éliminer le mercure des eaux usées. La Presse, 4 mars 1972.

PAULHUS, Pierre-J., 1956.
L'aménagement des lacs. La Pocatière, Mémoire présenté en vue de l'obtention du grade de Bachelier ès Sciences Pêcheries, 98 p.

PAULHUS, Pierre-J., 1972.
Les bassins de pisciculture. Ministère du Tourisme, de la Chasse et de la Pêche, Service de la Faune du Québec, Bulletin no. 15, 21 fig. 37 p.

PENSYLVANIA A FISH COMMISSION.
Stream improvement guide. Engineering Division, Conservation Education, Division U.S.A., 21 p.

PESSON, P., 1976.
La pollution des eaux continentales, incidences sur les biocénoses aquatiques. Gauthier-Villars, Editeur. Bordas, Paris, Bruxelles, Montréal, 285 p.

PEZON, Jean, 1970.
Notice sur le repeuplement et l'aménagement des rivières à truites. Ed. Pezon et Michel, Illustré, 32 p.

PIPER, Robert G., 1970.
Know the proper carring capacities of your farm. American Fishes and U.S. Trout News, 15: 1, 4-6 p.

La Pisciculture Française d'eau vive et d'étang. Syndicat des Pisciculteurs Salmoniculteurs de France, 28 rue Milton, Paris (IXe).

PLAMONDON, André P., et GONZALES, Antonio, 1974.
Effets des pesticides, de la fertilisation et du flottage du bois. Forêt-Conservation, Janvier 1974.

POIRIER, M., et VISCASILLAS, G., 1970.
Les êtres et leur milieu, initiation à l'écologie. Ed. Brault et Bouthillier, Ltée, Montréal, 260 p.

POLLET, M., 1960.
L'élevage moderne de la truite. Paris, Bonnemann.

POLLET, Michel, 1959.
Production naturelle du poisson, création, nettoyage, entretien, repeuplement des étangs et cours d'eau. Éditions Bornemann, 15 rue du Trounon, Paris 6e, 128 p.

POTVIN, Claude, 1972.
Le mercure et ses méfaits dans l'environnement. Vol. 11, no. 3.

PRESCOTT, Gérald Webber, 1969.
How to know the aquatic plants. Duberque, Iowa, W.C., Brown, 171 p.

PRESCOTT, Gérald Webber, 1964.
How to know the freshwater algae. Dubuque, Iowa, W.C. Brown, 272 p.

PROGRESSIVE FISH CULTURIST (The),
Superintendent of Documents U.S. Government Printing,
Office, Washington, D.C., 20402, U.S.A.

REICHENBECK, Klinke's, HEINZ — HERMANN, 1973.
Fish pathology. Hong-Kong, T.F.H. Pub., 512 p.

RENNIE, P.J., 1970.
Mesure pour mesure. Ministère des Pêches et des Forêts,
Service Canadien des Forêts, Canada, Publication no. 1195
F, du Ministère, Ottawa, 30 p.

RUEBEN, Edwin, Trippensee, 1953.
Wildlife management. Fur Bearers, Waterfowl, and Fish,
Volume 11, New-York, Toronto, London, McGraw-Hill Book
Company. 572 p.

RHEINEIMER, G., 1974.
Aquatic microbiology. Wiley. N.Y., 184 p.

RICKER, William Edwin, 1968.
Methods for assessment of fish production in fresh waters.
Oxford Edinburgh, Blackwell Scientific, 313 p.

ROBERTS, R.J., 1979.
Pathologie des poissons. Maloine s.a. Éditeur, 27 rue de
l'École de Médecine, 75006 Paris, 318 p.

ROBERTS, R.J., et SHEPHERD, C.D., 1974.
Handbook of trout and salmon diseases. Fishing News
(Books) Ltd., 23 Rosemont Avenue, West Byfleet, Surrey,
England, 167 p.

ROSC, William A., 1972.
**Environmental aspects of the pulp and paper industry in
Quebec.** Second Edition. Published under the auspices of
terra nova, Montreal, February, 226 p.

RUSSELL, C. Dunst, and all., 1974.
Survey of lake rehabilitation technics and experiences.
Technical Bulletin no. 75, Department of Naturel Resources, Madison, Wisconsin, 179 p.

SAMSON, Luc, 1963.
Contrôle de l'efficacité des échelles à poissons du lac Achille et de la rivière Montmorency. Parc des Laurentides, Bulletin no. 109, Ministère du Tourisme, de la Chasse et de la Pêche, Québec, 361-367 p.

SAMSON, Luc, 1973.
Méthode de contrôle du taux d'exploitation de la truite mouchetée (Salvelinus fontinalis) dans le parc des Laurentides. Rapport no. 8, Service de la Faune, Gouvernement du Québec, 115-129 p.

SAMSON, Pierre, 1977.
La pisciculture fermière. Revue: Forêt et Conservation Inc., 915, St-Cyrille ouest, Suite 210, Québec, Janvier, 5-14 p.

SCHAPERCLAUS, Wilhelm, 1962.
Traité de pisciculture en étang. 2ième édition, Paris (VIe), France, Vigot Frères Éditeurs, 620 p.

SCOTT, W.P., et CROSSMAN, E.J., 1974.
Poissons d'eau douce du Canada. Ministère de l'Environnement, Service des Pêches et des sciences de la mer, 116 rue Lisgar, Ottawa, Canada. 1026 p.

SCOTT, W.B., et MACINTHYRE, R.L., 1972.
Atlantic fishes. Poissons atlantiques. Fisheries Research Board of Canada, Miscellaneous special publication. 14., 1-13 p.

SEDWICK, STEPHEN DRUMMOND, 1978.
Trout farming handbook. Scholium International Inc. Publishers. Flushing, New-York, 11354, 169 p.

SÉGUIN, L.R., 1954.
L'alimentation artificielle de la truite mouchetée *(Salvelinus fontinalis)* (Mitchill). Faculté des Sciences, Université de Montréal, 3., Montréal, 17-60 p.

SÉGUIN, L.R., 1955.
Moeurs et méthodes d'élevage des truites du Québec. Le jeune Naturaliste, Vol. V, no. 7, la Bibliothèque, Service de la Faune, Ministère du Tourisme, de la Chasse et de la Pêche, Hôtel du Gouvernement, Québec, Canada. 44 p.

SÉGUIN, Louis-R., 1972.
Étang de pêche, construction et entretien. Ministère du Tourisme, de la Chasse et de la Pêche, Québec, Bulletin no. 14, 7 fig., 27 p.

SÉGUIN, Louis-R., DION, B., CHARBONNEAU, Raymond, 1978.
Élevage de truites avec le minimum d'eau fraîche de compensation possible et revue de travaux antérieurs sur la génération des eaux piscicoles. L.R. Séguin, R.R. 5, Coaticook, Québec, J1A 2S4, 48 p.

SÉGUIN, Richard L., 1955.
Critères qui servent à déterminer la qualité d'un lac en vue de son amélioration. Thèse présentée à l'Université Laval pour l'obtention d'une maîtrise ès Science.

SÉGUIN, Richard L., et ROUSSEL, Yvon, 1963.
Étude de la frayère et du comportement de la truite grise *(Salvelinus namaycush)* au ruisseau des Cèdres, Canton Bouchette, Comté de Gatineau. Québec, Tourisme, Chasse et Pêche. Bulletin no. 95, 127-128 p.

SNIESZKO, Stanislas F., 1970.
Symposium of diseases of fishes and shellfishes. Prepared by the Symposium Commitee, Washington American Fisheries Society, 526 p.

TERNISIEN, Jean A., 1968.
Les pollutions et leurs effets. Coll.: La Science vivante, Presses universitaires de France, Paris, 188 p.

TIMMERMANS, J.A., 1961.
Lutte contre la végétation aquatique envahissante. Station de recherche des eaux et Forêts, Groevendaall — Hoeillart, 227 p.

TURTOX SERVICE
Pamphlet no. 41, 8200, South Hoyn, Avenue, Chicago 20, Illinois.

USINGER, R.L., 1971.
Aquatic insects of California with keys to north american genera and California species., University of California Press, Berkely, 508 p.

VAN COILLIE, G., et R., 1967.
La détermination de l'âge chez les animaux. Le jeune scientifique, nov. 29-35, Déc. 68-73, Fév. 117-121 p.

VERNAUX, J., et TUFFERY, G., 1967.
Une méthode zoologique pratique de détermination de la qualité biologique des eaux courantes. Indices biotiques. Annales scientifiques de l'Université de Besengan, Fasc. 3, 79-90 p.

VIBERT, R., et LAGLER, K.F., 1961.
Pêches continentales, biologie et aménagement. Paris, Dunod, 720 p.

VINCENT, Bernard, et DESERRES, Lionel, 1963.
Description d'une frayère de touladi *(Salvelinus namaycush)* dans un ruisseau de la région de Maniwaki. Ministère du Toursime, de la Chasse et de la Pêche, Québec, Bulletin no. 43, 225-234 p.

VINCENT, Bernard, 1963.
Méthode pour préparer les cartes bathymétriques. Ministère du Tourisme, de la Chasse et de la Pêche, Bulletin no. 32, 245-252 p.

VIVIER, Paul, 1952.
La vie dans les eaux douces. Que sais-je? no. 233, Presses Universitaires de France; 108 boulevard Saint-Germain, Paris, 20-35 p.

VIVIER, Paul, 1954.
La pisciculture. Collection: Que sais-je?, no. 617, Presses Universitaires de France, 108, boulevard Saint-Germain, Paris, France, 127 p.

VOSTRADOVSHY, Firi, 1973.
Poissons d'eau douce. Atlas Illustré, Grund, Paris, 256 p.

WARD, H.B., et WHIPPLE, G.C., 1959.
Fresh-water biology. W.T. Edmondson, Ed, 2ième Édition U.S.A., 1948 p.

WEDEMEYER, G.A., and all, 1976.
Diseases of fishes (book number five). Environmental stress and fish diseases., T.F.H. publication Inc., 211, West Sylvania Avenue, Neptune City, New-Jersey 07753, 192 p.

WELCH. P.S., 1952.
Limnology. McGraw-Hill Book, New-York, XI, 558 p.

WESTERS, H., et PRATT, K.M., 1977.
Rational design of hatcheries for intensive salmonid culture based on metabolic characteristics. Prog. Fish Cult., 39, 157-165 p.

WETZEL. R.C.
Limnology. W.B. Saunders Cy. 734 p.

WHITE, J. Ray, and BRYNILDSON, Oscar M., 1967. **Guildelines for management of trout stream habitat in Wisconsin.** Technical Bulletin number 39, Department of naturel resources division of conservation, Madison, Wisconsin, 53701, 65 p.

WILD TROUT MANAGEMENT, 1974. **Trout unlimited.** 4260 E. Evans Ave, Denver, Colorado 80222.

WODKA, Steven H., 1970. **Pesticides since silent spring.** The environmental handbook, Edited by Garret De Bell. Ballantine Books. New-York, 367 p.

TABLE DES MATIÈRES

Deuxième édition

Achevé d'imprimer à Montmagny
par les travailleurs des ateliers Marquis Ltée
en août 1986